Nueva edición

Compañeros

Curso de español

2

Libro del alumno

Francisca Castro   Ignacio Rodero   Carmen Sardinero

Español Lengua Extranjera

SGEL

NUEVO Compañeros

Un curso de español dirigido a estudiantes de enseñanza secundaria

El currículo de este curso, elaborado por profesores con gran experiencia en la enseñanza de idiomas a jóvenes estudiantes, sigue las recomendaciones metodológicas y los niveles establecidos por el *Marco común europeo de referencia* (MCER). Está estructurado en unidades que siguen una progresión lógica de presentación y práctica de la lengua.

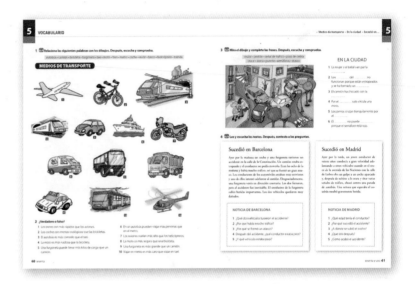

1 PORTADA

Muestra los contenidos que se van a trabajar en la unidad.

2 VOCABULARIO

Se presenta y trabaja el léxico de la unidad, considerando el importante papel que este juega en los estadios del aprendizaje.

3 GRAMÁTICA

Se presentan y practican nuevas estructuras gramaticales en frases y textos breves.

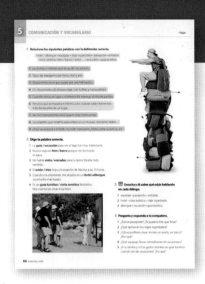

4 COMUNICACIÓN

Ofrece modelos de conversaciones contextualizadas en situaciones cotidianas de los hablantes de estas edades y actividades comunicativas de práctica.

5 COMUNICACIÓN Y VOCABULARIO

Se presenta nuevo léxico relacionado con la unidad y lo integra en actividades de comunicación.

6 DESTREZAS

Integración de contenidos que incluyen las distintas destrezas lingüísticas con textos y actividades variadas.

7 CULTURA

Se presentan textos y actividades como muestra del amplio abanico sociocultural de España y Latinoamérica.

8 EVALUACIÓN

Actividades para revisar los contenidos de gramática, léxico y comunicación aprendidos en la unidad.

AL FINAL DEL LIBRO PODEMOS ENCONTRAR:

- Proyectos
- Vocabulario
- Resumen gramatical
- Transcripciones

Contenidos

Países que hablan español

Punto de partida

VOCABULARIO

1 **Señala la palabra que no pertenece al grupo.**

1 camarero / profesor / instituto / bibliotecario / jardinero

2 biblioteca / museo / supermercado / ordenador / restaurante

3 hospital / pie / oreja / ojos / pierna / brazo

4 pollo / supermercado / huevos / queso / tomates

5 cama / dormitorio / lámpara / silla / sofá

2 **Relaciona las siguientes palabras con las diferentes partes del dibujo.**

libro • ordenador • mesa • profesor • diccionario
mochila • puerta • silla • pizarra • ventana

3 **Completa las frases con el vocabulario de los ejercicios 1 y 2.**

1 Mi .... de Matemáticas se llama Antonio.

2 En mi colegio hay una .... con muchos libros.

3 Los domingos comemos en un .... chino.

4 Soy moreno y tengo los .... muy grandes y azules.

5 Encima de la mesa hay un .... de español.

6 Hay cuadros de Picasso en este ....

7 Soy muy alto. Tengo las .... muy largas.

4 **Relaciona cada adjetivo con su contrario.**

1 grande	a viejo
2 alto	b pequeño
3 moderno	c bajo
4 incómodo	d cómodo
5 nuevo	e antiguo

5 **Relaciona los adjetivos del ejercicio anterior con los dibujos.**

6 **Completa las frases con adjetivos del ejercicio anterior.**

1 Es un sofá estupendo; es muy ....

2 Mi apartamento es muy ...., solo tiene una habitación.

3 No me gustan los zapatos de tacón; son muy ....

4 La casa de mi abuela es muy .... Es del siglo pasado.

5 Mi primo juega al baloncesto. Es muy ....

GRAMÁTICA

▶ PRESENTE DE LOS VERBOS *SER* Y *ESTAR*

1 Elige la forma correcta.

1 Mis amigos **es / son** muy simpáticos.

2 Mi abuelo **es / son** de Madrid.

3 Yo **soy / eres** primo de Ana.

4 ¿**Eres / Sois** el hermano de Pedro?

5 Ángel y tú **son / sois** muy buenos deportistas.

6 Yo no **somos / soy** un gran jugador de baloncesto.

7 Mi perro **soy / es** blanco y negro.

8 Nuestra casa no **eres / es** muy grande.

9 ¿**Eres / Soy** muy alto?

10 ¿Quién **es / eres** tu mejor amigo?

2 Completa las frases con la forma correcta del presente del verbo *ser*.

1 Yo .... un buen estudiante.

2 ¿Tus amigos y tú .... españoles?

3 Los padres de Juan .... profesores.

4 Elena .... la mujer de Emilio.

5 Nuestra profesora de Inglés .... inglesa.

6 Mis compañeros y yo .... de distintos países.

7 ¿Tú .... un buen jugador de ajedrez?

8 No sé quién .... tu entrenador.

9 ¿De quién .... esos libros?

10 Los amigos de mi hermana .... muy simpáticos.

3 Completa las frases con información sobre tu familia y tus amigos.

1 Yo soy…

2 Mis padres son…

3 Mi hermano/-a no es…

4 Mis amigos no son…

4 Completa las frases con la forma correcta del presente del verbo *estar*.

1 Mis padres y yo .... de vacaciones en Italia.

2 Todos nosotros .... muy contentos.

3 Hoy mi hermano .... en la ópera.

4 Mis padres no .... en casa.

5 ¿Dónde .... mis pantalones?

6 Yo siempre .... atento en clase.

7 ¿Dónde .... tu libro de Matemáticas?

8 ¿Vosotros .... enfadados?

9 ¿............... tú en esta foto?

10 Mi hermana .... en clase de flauta.

5 Elige la forma correcta.

1 Mi compañera **es / está** chilena. En clase de Geografía **es / está** sentada a mi lado.

2 Mis botas **son / están** nuevas. **Son / Están** guardadas en el armario.

3 Mi perro **es / está** blanco y negro.

4 Mis amigos y yo **somos / estamos** expertos en kárate. **Somos / Estamos** en el equipo del instituto.

5 Fernando y Alberto **son / están** muy buenos amigos. **Son / Están** siempre juntos.

6 Yo **soy / estoy** el capitán del equipo de mi instituto. **Soy / Estoy** muy contento.

7 Alejandro y Manuela **son / están** en Florencia. **Son / Están** en casa de unos amigos.

8 Vosotros **sois / estáis** mis mejores compañeros. Siempre **sois / estáis** conmigo.

9 Su padre **es / está** abogado.

10 ¿**Eres / Estás** nuevo en el instituto?

▶ PRESENTE DE LOS VERBOS REGULARES

6 Completa las frases con el presente de los siguientes verbos.

> vivir (x2) • comer • estudiar • escribir • cantar • hablar • trabajar • comprar • tocar

1 Mi padre _____ el periódico todos los días.

2 La profesora _____ en la pizarra.

3 • ¿Dónde _____ tú?

   ■ En Madrid.

4 Mis padres _____ muy bien inglés y español.

5 Yo _____ la guitarra y el piano.

6 Mis padres y yo _____ paella todos los domingos.

7 Yo _____ en Madrid, ¿y tú?

8 Mis hermanos _____ en la biblioteca.

9 Mis vecinos _____ en un banco.

10 Mi padre _____ en un coro.

7 Completa las frases utilizando los siguientes verbos.

> estudiar • comer • vivir • trabajar • hablar • escribir

1 Mis padres…   2 Yo…   3 Mis compañeros y yo…   4 Mi profesor(a)…   5 ¿Vosotros…?   6 ¿Tú…?

▶ PRESENTE DE LOS VERBOS IRREGULARES

8 Relaciona las preguntas con las respuestas.

1 ¿Cuándo vuelve tu hermano de Roma?

2 ¿Con quién juegas al baloncesto?

3 ¿Qué haces los fines de semana?

4 ¿Cuándo sales con tus amigos?

5 ¿A qué hora cierra la biblioteca?

6 ¿Cuántos años tienes?

7 ¿Te vienes al teatro?

8 ¿Qué te duele?

9 ¿Cuál es tu número de móvil?

10 ¿Tienes hermanos?

a Los fines de semana.

b Con mis amigos.

c La cabeza.

d Este miércoles.

e Catorce.

f A las nueve y media.

g 696 61 66 56.

h Escucho música y estudio.

i Sí, tengo dos.

j No, tengo que estudiar.

9 Completa las frases con la forma correcta del presente de los siguientes verbos.

> ver • salir • ir (x2) • doler • cerrar • venir • volver • estar • hacer (x2) • jugar • tener (x2)

1 Los domingos mis primos y yo _____ a casa de mis abuelos.

2 Yo _____ un ordenador en mi habitación.

3 ¿Cuándo _____ Pedro de Alicante?

4 ¿Te _____ al cine con nosotros?

5 Yo nunca _____ los domingos por la tarde.

6 Cuando hago mucho deporte, me _____ las piernas.

7 ¿A qué hora _____ el supermercado?

8 Yo siempre _____ contento los fines de semana.

9 ¿Tú _____ al baloncesto?

10 Yo _____ mi cama todos los días.

11 Mi padre y yo _____ los partidos de fútbol por la tele.

12 ¿Cuántos años _____ (tú)?

13 Mis compañeros y yo _____ los deberes todos los días.

14 ¿A dónde _____ los sábados por la tarde?

COMUNICACIÓN

1 🎧 **Completa el correo electrónico con los siguientes verbos. Después, escucha y comprueba.**

vivo • tengo (x2) • me gusta • juega • está • tiene • llama • llaman • llamo

¡Hola!

Me (1) _____ María y (2) _____ trece años.

(3) _____ en Valencia con mis padres y mis hermanos. (4) _____ un hermano y una hermana. Se (5) _____ Carlos y Diana. Carlos (6) _____ en un equipo de fútbol, pero a mí no me gusta mucho el deporte, (7) _____ más la música.

Mi mejor amiga se (8) _____ Alba. (9) _____ en mi clase y (10) _____ un hermano que se llama Alejandro.

Escríbeme pronto.

María

2 🎧 **Completa la siguiente entrevista. Después, escucha y comprueba.**

● (1) _____

■ Me llamo Jaime.

● (2) _____

■ Tengo trece.

● (3) _____

■ El cinco de enero.

● (4) _____

■ Sí, sobre todo al baloncesto.

● (5) _____

■ Tengo un hermano y una hermana.

● (6) _____

■ Los sábados salgo con mis amigos y los domingos me quedo en casa.

3 **Contesta a las siguientes preguntas.**

1 ¿Cómo te llamas?

2 ¿Cuántos años tienes?

3 ¿Dónde vives?

4 ¿Cuáles son tus aficiones?

4 **Prepara preguntas para hacer a tu compañero sobre los distintos miembros de su familia (sus hermanos, sus padres y sus abuelos). Después, hazle una entrevista.**

	Hermanos	Padres	Abuelos
Nombre			
Edad			
Trabajo			
Aficiones			

¿En casa o con los amigos?

1

1 🎧 **Relaciona el siguiente vocabulario con las imágenes. Después, escucha y comprueba.**

hacer deporte • escuchar música • bailar • salir con los amigos • jugar al ajedrez • navegar por internet • ver la tele
jugar con videojuegos • hablar por teléfono • enviar mensajes • quedarse en casa • ir de compras • ir al cine • leer revistas

2 **Completa las frases con las actividades del ejercicio 1.**

Hacer deporte es bueno para la salud.

1 Me gusta _____ de música.

2 Algunos domingos voy a _____ a la discoteca.

3 Necesito _____ para buscar información.

4 Quiero comprar ropa nueva. Voy a llamar a mi amiga para _____.

5 Te voy a _____ con el móvil.

6 Esta tarde quiero _____ a ver esa película.

7 _____ y _____ durante muchas horas es malo para la vista.

8 Mis padres hoy no quieren salir a cenar, van a _____ porque están muy cansados.

3 **Pregunta a tu compañero sobre las distintas actividades que realiza Juan durante la semana, como en el ejemplo.**

• *¿Qué actividad hace Juan los lunes?*

▪ *Juega al ajedrez.*

L LUNES	**M** MARTES	**X** MIÉRCOLES	**J** JUEVES	**V** VIERNES	**S** SÁBADO	**D** DOMINGO
Jugar al ajedrez	Quedarse en casa	Hacer deporte	Leer revistas	Ir al cine	Salir con los amigos	Jugar con videojuegos

4 🔊 **Lee y escucha la entrevista. Di si las siguientes afirmaciones son verdaderas o falsas. Después, corrige en tu cuaderno las falsas.**

1 Javier hace deporte todos los días.

2 Javier practica deportes urbanos cuando está solo.

3 Javier va al cine los fines de semana.

4 Un monopatín es una tabla con ruedas.

5 Solo necesitas una bicicleta para practicar «BMX».

6 Es necesaria una zona adaptada para practicar deportes urbanos.

7 Son deportes muy peligrosos.

8 Las chicas no están interesadas en estos deportes.

DEPORTES *URBANOS*

¿Quieres practicar un deporte diferente en tu tiempo libre?

Este fin de semana se celebra la Primera Exhibición de Deportes Urbanos en la Comunidad de Madrid. Javier Alonso, uno de los organizadores, tiene 16 años y practica deportes urbanos en su ciudad.

Antes de nada, Javier, ¿qué son los deportes urbanos?

Son actividades deportivas como el «skate», «BMX», «parkour», etcétera.

Y, ¿cuándo practicas estos deportes?

Hago deporte cuatro días a la semana, y cuando salgo con mis amigos, practicamos deportes urbanos. Los fines de semana me gusta quedarme en casa para jugar a videojuegos y oír música.

¿Puedes explicarnos qué es el «skate»?

Es un deporte que se hace sobre una tabla con ruedas, un monopatín con el que algunas personas hacen acrobacias.

Es fácil encontrar información sobre estos deportes navegando por internet o jugando a algunos videojuegos.

Y, ¿el «BMX»?

Es algo parecido pero con una bicicleta especial. Es obligatorio llevar casco.

Y, ¿dónde se practican estos deportes?

En cualquier sitio. No necesitas instalaciones especiales para hacer estos deportes. Pero también hay zonas adaptadas, sobre todo en parques.

Es la primera vez que oigo hablar de «parkour». ¿En qué consiste?

Pues consiste en moverse por la ciudad o el campo utilizando las habilidades del cuerpo y superando obstáculos como vallas, muros, etcétera. Por ejemplo, puedes ir de compras sin tocar casi el suelo.

Todos estos deportes parecen muy peligrosos, ¿no?

Eso depende. Los accidentes ocurren cuando intentas hacer cosas difíciles y no estás preparado.

¿Cómo puedo saber algo más sobre este tema?

Pues leyendo revistas especializadas y buscando en internet.

¿Las chicas también son aficionadas a estos deportes urbanos?

Sí. Y cada vez hay más chicas que practican estos deportes y muchas son muy buenas.

Gracias, Javier. Después de esta entrevista todos sabemos un poco más sobre los deportes urbanos.

5 Lee la entrevista otra vez y contesta a las preguntas.

1 ¿De cuántos deportes urbanos habla Javier? ¿Cuáles son?

2 ¿Qué hacen sobre la tabla de «skate»?

3 ¿Qué protección es necesaria para practicar «BMX»?

4 ¿Cuándo es peligroso practicar deportes urbanos?

5 ¿Cómo puedes obtener información sobre los deportes urbanos?

6 Pregunta a tu compañero qué deportes practica y si hace algún deporte urbano.

¿Haces algún tipo de deporte? ¿Y algún deporte urbano? ¿Cuándo...?

Estar + gerundio

yo	estoy
tú	estás
él / ella / Ud.	está + **jugando** al baloncesto
nosotros/-as	estamos
vosotros/-as	estáis
ellos / ellas / Uds.	están

La forma **estar + gerundio** sirve para expresar acciones en desarrollo:

*Mis amigos **están jugando** al baloncesto en la pista que hay en el barrio.*

Formación del gerundio

Gerundios regulares

Infinitivo	Gerundio
jugar	jugando
hacer	haciendo
salir	saliendo

Gerundios irregulares

Infinitivo	Gerundio
leer	leyendo
dormir	durmiendo

1 **Forma el gerundio de los siguientes verbos.**

escuchar *escuchando*

1 correr
2 escribir
3 aprender
4 abrir
5 estudiar
6 bailar
7 llamar

8 saltar
9 beber
10 dibujar
11 salir
12 poner
13 vivir
14 cantar

2 **Mira el dibujo y completa las frases con el presente de *estar* + gerundio de los siguientes verbos.**

hacer • ~~jugar~~ • comer • beber • leer

Es sábado por la tarde. Mis amigos y yo estamos en el parque. Isabel y Felipe *están jugando* al ajedrez. Enrique [1] .... agua. Pedro y yo [2] .... una revista de música. ¿Y mi perro qué [3] ....? [4] .... un hueso.

Pronombres interrogativos

• **¿Qué?**
*¿**Qué** está haciendo tu hermano?*

• **¿Quién?**
*¿**Quién** está jugando al ajedrez?*

• **¿Dónde?**
*¿**Dónde** está durmiendo Javier?*

• **¿Quiénes?**
*¿**Quiénes** están estudiando en la biblioteca?*

Presente simple y presente de *estar* + gerundio

Presente simple:
*Normalmente **desayunan** a las nueve.*

Presente de *estar* + gerundio:
*Ahora **están haciendo** deporte.*

El **presente simple** se usa para expresar acciones habituales.

El **presente de *estar* + gerundio** se usa para expresar acciones que están ocurriendo en el momento de hablar.

3 Observa los pronombres interrogativos y contesta a las preguntas.

1 Ahora mismo, ¿qué estás haciendo?

2 ¿Con quién estás trabajando?

3 ¿Dónde estás estudiando?

4 ¿Quién está hablando ahora?

4 Haz preguntas para las siguientes respuestas. Fíjate en las palabras subrayadas.

El perro está comiendo un hueso.
¿Qué está comiendo el perro?

1 Mis amigos y yo estamos jugando en el parque.

2 Isabel y Felipe están jugando al ajedrez.

3 Enrique está bebiendo agua.

4 Pedro está leyendo una revista de música.

5 Mi hermana está durmiendo en casa de una amiga.

6 Estoy haciendo los deberes de matemáticas.

5 🎧 Escucha la entrevista a Andoni y contesta a las preguntas.

1 ¿Dónde duermen?

2 ¿A qué hora se levantan?

3 ¿Qué está haciendo el equipo 1?

4 ¿Y el equipo 2?

6 Completa el texto con el presente simple o el presente de *estar* + gerundio de los verbos entre paréntesis.

En mi familia todos trabajamos mucho de lunes a viernes. Mis padres [1] _____ (salir) de casa a las ocho de la mañana y no [2] _____ (volver) hasta las seis de la tarde. Mi hermano [3] _____ (estudiar) en la universidad y casi todas las tardes [4] _____ (ir) al gimnasio a hacer deporte. Yo [5] _____ (estar) en el instituto toda la mañana y por las tardes [6] _____ (hacer) los deberes.

Pero hoy por fin es sábado y todo es distinto. Yo [7] _____ (ver) la televisión. Mi hermano [8] _____ (escuchar) música y mis padres [9] _____ (leer). Todos [10] _____ (esperar) a mis abuelos para comer con ellos.

Verbo *gustar*

(a mí)	me	gusta el cine
(a ti)	te	└─ singular ─┘
(a él / ella / Ud.)	le	gusta bailar
(a nosotros/-as)	nos	└─ infinitivo ─┘
(a vosotros/-as)	os	gustan los deportes
(a ellos / ellas / Uds.)	les	└─ plural ─┘

¿Cuánto te gusta?

👍👍👍 Me gusta **mucho** salir con amigos.

👍👍 Me gusta **bastante** ver la tele.

👍 **No** me gusta **mucho** bailar.

👎 **No** me gusta **nada** ir de compras.

7 Observa las siguientes actividades, ¿qué te gusta y qué no te gusta hacer? Escribe cuatro frases en tu cuaderno.

dibujar

oír la radio

hacer los deberes

jugar con el ordenador

ir al cine

leer libros

8 Pregúntale a tu compañero qué le gusta y qué no le gusta hacer. Escribe en tu cuaderno dos frases.

9 Completa las frases con las siguientes actividades y las palabras *mucho, bastante, no ... mucho* y *no ... nada.*

ir al teatro • nadar • comer *pizza* • navegar por internet
jugar al tenis • oír música • ver la televisión

1 A mí...

2 ¿A ti...?

3 A mi hermano...

4 A mis amigos y a mí...

5 ¿A vosotros...?

6 A mis padres...

1  **Lee y escucha.**

Hablando por teléfono

La madre de Andrés: ¿Sí, dígame?

Daniel: ¡Hola, soy Daniel! ¿Está Andrés en casa?

La madre de Andrés: Sí, espera un momento. Voy a llamarlo. ¡Andrés!

(...)

Andrés: ¿Sí?

Daniel: ¡Hola, Andrés! Soy Dani. ¿Te vienes a mi casa a jugar al ordenador? Tengo un juego nuevo.

Andrés: Vale, ¿a qué hora?

Daniel: A las seis, después de hacer los deberes.

Andrés: De acuerdo, luego nos vemos.

Daniel: ¡Hasta luego!

2 Contesta a las siguientes preguntas.

1 ¿Quién coge el teléfono a Daniel?

2 ¿Qué quiere hacer Daniel?

3 ¿A qué hora quiere hacerlo?

4 ¿Después de qué quiere hacerlo?

3 Prepara con tu compañero un diálogo como el del ejercicio 1 utilizando las siguientes actividades.

ver una película • jugar al ajedrez • hacer los deberes • escuchar música

HABLAR POR TELÉFONO

-¿Sí, dígame?

-Hola, soy...

-¿Está ... en casa?

-Sí, espera un momento.

-¿Te vienes a mi casa a ...?

4 7 **Escucha las conversaciones telefónicas y completa las notas.**

Enrique,
Susana quiere hablar contigo. Te va a llamar a las
[1] ....

PAPÁ

Ya veo que no estás en casa. Mañana tenemos fiesta de cumpleaños. Nos vemos a las 6 en [2] ....

CÉSAR,
DICE ANTONIO QUE EL PARTIDO ES EL [3] .... A LAS 11 DE LA MAÑANA.
MAMÁ

PARQUE DE ATRACCIONES
Fines de semana: de 11 h a 24 h.
Precio:
adultos [4] .... / niños [5] ....
Ismael

5 7 **Escucha otra vez las conversaciones y señala si las siguientes frases son verdaderas o falsas.**

1 Susana está hablando con Enrique.

2 Enrique está haciendo deporte.

3 Elena está en su casa.

4 La fiesta de cumpleaños es en casa de Laura.

5 César está jugando un partido.

6 El partido es en fin de semana.

7 Ismael quiere ir al parque de atracciones el sábado.

8 Los niños entran gratis.

1 Lee el texto y completa los huecos con el siguiente vocabulario. Después, escucha y comprueba.

ir a entrenar

ir a la biblioteca

ir a clases (de español)

tocar el piano

hacer teatro

cocinar

practicar con el monopatín

montar en bicicleta

ir a correr

nadar

cantar en un coro

¿QUÉ ACTIVIDADES HACEN ESTOS JÓVENES DESPUÉS DE CLASE?

1 A mí me gusta mucho cantar: por las tardes .... de mi barrio.

2 Ayudo a mis padres a preparar la cena: cada día me gusta más ....

3 A mi hermana Sara le gusta mucho la música clásica: .... en casa más de dos horas diarias.

4 Hacer deporte al aire libre es muy bueno para la salud. A mis amigos y a mí nos gusta .... todas las tardes.

5 Todos los días tengo muchos deberes. A mí me gusta mucho .... para buscar información.

6 En mi casa nos gustan mucho los idiomas: mis hermanos .... de alemán tres días a la semana.

2 En parejas, pregunta a tu compañero qué actividades le gusta hacer después de clase.

- *Por la tarde, después de clase, hago varias actividades. Por ejemplo, los lunes y jueves voy a entrenar con mi equipo de baloncesto. Y tú, ¿qué haces?*
- *Yo también voy...*

3 Escucha la entrevista radiofónica a varios estudiantes. ¿Qué actividades realizan por las tardes?

4 Ahora escucha de nuevo y di si las siguientes afirmaciones son verdaderas o falsas. Corrige en tu cuaderno las falsas.

1 Antonio va a correr al parque con sus amigos los martes.

2 Antonio hace 80 km cuando monta en bici con sus amigos.

3 Un día a la semana, Antonio va a la biblioteca.

4 Elsa no hace deporte de lunes a viernes.

5 Elsa va a clases de francés dos días a la semana.

6 Elsa va a clases de piano un día a la semana.

📋 LEER

1 Lee el cuestionario y compara tus respuestas con las de tu compañero.

¿ERES UNA PERSONA SOCIABLE?

1 ¿Cuándo sales con tus amigos?

A Todos los días.
B Los fines de semana.
C Casi nunca.

2 Estás hablando con un(a) chico/-a. Te parece interesante. ¿Qué haces?

A Lo / La invito a ir al cine el próximo sábado.
B Le pido su número de móvil.
C Le pido su dirección de correo electrónico.

3 Estás viendo la televisión. ¿Qué te gusta ver?

A Deportes.
B Películas.
C Las noticias.

4 Estás jugando al ordenador y te llama un(a) amigo/-a por teléfono. ¿Qué haces?

A Dejo de jugar y salgo con él / ella.
B Lo / La invito a venir a mi casa a jugar conmigo.
C Le digo que no puedo salir.

5 Cuando terminas de hacer los deberes...

A salgo con mis amigos.
B ayudo a mis padres a hacer la cena.
C me quedo en casa viendo la tele.

MAYORÍA DE A: Te gusta mucho relacionarte con los demás. Pero, cuidado, no olvides tus obligaciones.

MAYORÍA DE B: Te gusta salir, pero no te importa quedarte en casa. Tienes tu tiempo libre bien organizado.

MAYORÍA DE C: Lo que más te gusta es estar en casa, pero no olvides a tus amigos. Son necesarios.

🔊 ESCUCHAR

2 🔟 Daniel está haciendo una encuesta para el periódico de su instituto. Escucha y contesta a las preguntas.

1 ¿Cuándo sale Silvia con sus amigos?
2 ¿Por qué no sale los días de diario?
3 ¿Qué programas de televisión son los que más le gustan?
4 ¿Para qué utiliza el ordenador?
5 ¿Qué suele hacer los sábados?
6 ¿Y los domingos?

💬 HABLAR

3 Pregúntale a tu compañero qué le gusta hacer los fines de semana y después explícaselo al resto de la clase.

Los sábados, mi compañero...
Y los domingos le gusta...

✏️ ESCRIBIR

4 🎧 **Lee el texto y completa los huecos con las siguientes palabras. Después, escucha y comprueba.**

amigos • exámenes • película • casa • baloncesto • ordenador • familia • deberes

¿QUÉ HAGO LOS FINES DE SEMANA?

Normalmente, los viernes por la tarde me quedo en casa jugando al [1] ____: tengo unos juegos estupendos. Algunas veces viene mi amigo Antonio a jugar conmigo y después vemos alguna [2] ____ en la tele.

Los sábados por la mañana juego un partido de [3] ____: estoy en el equipo del instituto; somos bastante buenos y podemos ganar la liga. Por la tarde siempre veo a mis [4] ____ en el parque.

El domingo voy con mi [5] ____ a comer a casa de mi abuela. A veces ella viene a comer a nuestra casa y también invitamos a mis primos: con ellos siempre me lo paso muy bien. Los domingos por la tarde nunca salgo, me quedo en [6] ____: tengo que hacer los [7] ____ para el día siguiente o estudiar para los [8] ____.

ADVERBIOS DE FRECUENCIA

Para describir lo que haces habitualmente:

✔✔✔✔ normalmente

✔✔✔ muchas veces

✔✔ algunas veces

✔ casi nunca

✘ nunca

5 Añade los adverbios de frecuencia a las siguientes frases para que sean verdaderas para ti.

1 En verano voy de vacaciones a la playa.

2 Cuando acabo los deberes, veo la televisión.

3 Los fines de semana estudio español.

4 Voy a la ópera.

5 El día de mi cumpleaños invito a mis amigos.

6 Escucho música cuando estoy estudiando.

6 Piensa en las cosas que haces durante el fin de semana y escribe un texto. No te olvides de incluir la siguiente información.

• ¿Qué haces normalmente los viernes por la tarde?

• ¿Haces algún deporte los fines de semana?

• ¿A dónde vas los sábados por la tarde?

• ¿Quedas con tus amigos?

• ¿Con quién comes los domingos?

• ¿Cuándo haces los deberes?

1 ¿Cómo es tu vida diaria en familia? ¿Quién te despierta por la mañana? ¿Con quién juegas después del colegio?

2 Lee y escucha los textos. Después, contesta a las preguntas.

Vida en familia

¡Hola! Soy Sergio Sánchez. Me gustan mucho los animales. De mayor quiero ser aventurero y conocer países como Australia, Francia o Egipto.

Mi padre trabaja en una fábrica y mi madre nos cuida a Marta y a mí: Marta es mi hermana y tiene seis años.

Un día normal me levanto a las ocho y media y desayuno leche y galletas. Estudio en el instituto y en mi clase somos 26 alumnos. Mi mejor amigo se llama Manu: me gusta mucho estar con él porque jugamos al fútbol y con el monopatín.

Mis asignaturas preferidas son Ciencias Naturales y Educación Física. Me gustan mucho los huevos fritos con patatas y no me gustan nada las verduras. Por las tardes voy a natación, juego al ajedrez y veo la tele. Mi juguete favorito es la *Play Station*. Me compro los juegos con mi paga del fin de semana; mis padres me dan 2 €. A veces mis abuelos y mis tíos me dan un billete de 5 €.

Me llamo Cecilia y vivo en Buenos Aires. Estudio en la escuela «República Argentina». Mi papá se llama Diego y trabaja en la universidad. Mi madre se llama María Cristina y trabaja en casa haciendo artesanías. Me despierta todos los días a las seis de la mañana: me da chocolate, huevo y pan de desayuno y me lleva a la escuela. Las clases empiezan a las siete. En la clase somos 44, más chicos que chicas. Me gusta mucho el recreo y me gustan bastante las Matemáticas. A las doce y media, cuando salgo, mi amiga Carolina me está esperando. Vamos a casa caminando: está cerquita. Como, descanso y hago los deberes. Después juego con Correcaminos y Peluso, mi tortuga y mi perro.

Carolina y yo hablamos mucho y nos ayudamos cuando tenemos problemas. Estoy triste porque sus padres se están comprando una casa nueva en otro barrio.

1 ¿Con quién vive Sergio?

2 ¿Qué desayuna?

3 ¿Qué le gusta hacer con Manu?

4 ¿Cuál es su comida favorita?

5 ¿Con quién vive Cecilia?

6 ¿Qué desayuna?

7 ¿Cuál es su asignatura preferida?

8 ¿Cómo vuelve a casa?

9 ¿Cómo se llaman sus mascotas?

3 Contesta a estas preguntas sobre tu vida familiar.

1 ¿Con quién vives?

2 ¿A qué hora te levantas?

3 ¿Qué desayunas?

4 ¿Con quién vas al colegio?

5 ¿Qué te gusta hacer con tu familia?

6 ¿A qué te gusta jugar?

7 ¿Qué actividades haces después del colegio?

Reflexión y evaluación

1 Completa las frases con los siguientes verbos.

> navegando • ir • ver • leen • enviar • quedo
> salir • hablo • jugar • bailar

1 Me gusta .... la televisión después de cenar.

2 Siempre me .... en casa los domingos por la tarde.

3 Mi hermano está .... por internet.

4 A nosotros no nos gusta .... al ajedrez.

5 Yo .... por teléfono con mis padres todos los días.

6 No me gusta nada .... de compras con mi madre.

7 Mis padres nunca .... revistas de música.

8 Yo nunca voy a .... a las discotecas.

9 ¿Me puedes .... un mensaje para decirme a qué hora quedamos?

10 Me gusta mucho .... con mis amigos los fines de semana.

2 Haz frases sobre la familia de Marta utilizando la información de la tabla.

	Marta	Madre	Hermanos
Ver la tele	👍	👎	👍 👍
Videojuegos	👍 👍	👍	👍 👍 👍
La música	👍 👍 👍	👍 👍	👍
Cocinar	👍 👍	👍	👍 👍 👍
Nadar	👍	👎	👍 👍
Cantar en un coro	👍 👍 👍	👍 👍	👎

1 A Marta .... los videojuegos.

2 A su madre .... ver la tele.

3 A sus hermanos .... la música.

4 A Marta .... la música.

5 A su madre .... los videojuegos.

6 A Marta .... cocinar.

7 A sus hermanos .... cantar en un coro.

8 A su madre .... nadar.

9 A Marta .... cantar en un coro.

10 A sus hermanos .... cocinar.

3 Escribe estas frases con *estar* + gerundio.

1 ¿Qué / tú / ver en la tele?

2 Nosotros / leer una revista de motos.

3 ¿Con quién / ellos / hablar?

4 Mi hermano / dormir la siesta.

5 Yo / hacer los deberes.

6 ¿Vosotros / estudiar español?

4 Completa las frases con el presente simple o con *estar* + gerundio de los verbos entre paréntesis.

1 Todas las tardes yo .... (jugar) con el ordenador, pero hoy .... (leer) un libro.

2 Mi padre siempre .... (hacer) la cena, pero hoy .... (ver) un partido de fútbol por la tele.

3 Mis hermanos los fines de semana .... (salir) con sus amigos, pero esta semana .... (estudiar) para los exámenes.

4 Mis padres y yo siempre .... (cenar) juntos, pero hoy .... (pasar) la noche en casa de mi amigo Pepe.

5 ● ¿Vosotros .... (hacer) la comida ahora?

   ■ No, nosotros siempre .... (comer) más tarde.

¿Qué tiempo hace?

2

VOCABULARIO	► El tiempo atmosférico ► Fenómenos y desastres naturales
GRAMÁTICA	► *Ir a* + infinitivo ► Pronombres de objeto directo
COMUNICACIÓN	► Sugerir una actividad ► Pedir permiso ► Expresar intenciones ► Hacer predicciones
COMUNICACIÓN Y VOCABULARIO	► Geografía y paisaje
DESTREZAS	► ¡Nos vamos de viaje!
CULTURA	► Canarias: las islas afortunadas

1 🔊113 **Relaciona los dibujos con las frases. Después, escucha y comprueba.**

a hace calor

b está nublado

c hay tormenta

d hace buen tiempo

e hace sol

f hay niebla

g está lloviendo

h hace viento

i está nevando

j hace frío

2 🔊114 **Escucha las noticias del tiempo. ¿Qué tiempo hace en las siguientes ciudades?**

1 MADRID   **2 SANTANDER**   **3 BARCELONA**

4 GRANADA   **5 TENERIFE**

3 **Completa el texto con los meses del año.**

¿Qué tiempo hace en Madrid?

En Madrid, en verano (junio, [1] .... y [2] ....) hace mucho calor. Cuando estoy de vacaciones, voy todos los días a la piscina.

En otoño (septiembre, [3] .... y [4] ....) normalmente está nublado y a veces llueve. Estoy más tiempo en casa y hago los deberes.

En invierno (diciembre, [5] .... y [6] ....) hace mucho frío y a veces nieva; cuando nieva, voy con mis amigos a esquiar.

En primavera (marzo, [7] .... y [8] ....) hace buen tiempo y salgo a jugar con mis amigos al parque.

4 🔊 Relaciona las siguientes palabras con las fotografías. Después, escucha y comprueba.

terremoto • incendio • tornado • inundación • rayo • granizada

5 🔊 Lee el texto. Utiliza las palabras del ejercicio anterior como título de cada uno de los párrafos. Después, escucha y comprueba.

DESASTRES NATURALES

Fenómenos naturales como la lluvia, el viento... se convierten en desastre natural cuando se producen de forma violenta. A continuación, describimos los desastres más comunes en el planeta Tierra.

1 *Granizada*

Cuando el granizo cae en grandes cantidades, es un desastre natural. Estas tormentas son peligrosas en granjas y campos de cultivo porque pueden matar el ganado y estropear las cosechas.

2 ....

Es un desastre natural que destruye prados y bosques y causa grandes daños en la vida animal y vegetal y, algunas veces, ocasiona víctimas humanas. El fuego puede producirse por un rayo, por un accidente o ser provocado.

3 ....

Es un desastre natural causado por fuertes lluvias, por desbordamientos de ríos o la rotura de una presa.

4 ....

Se produce por movimientos en el interior de la Tierra. Puede dañar edificios, carreteras, puentes y causar grandes desgracias humanas.

5 ....

Es una gran descarga eléctrica producida durante una tormenta. Esta descarga va acompañada de una fuerte luz llamada relámpago.

6 ....

Es una corriente muy violenta de viento. Puede girar a 500 km/h.

6 Lee el texto de nuevo y contesta a las preguntas.

1 ¿Dónde causan daños las granizadas?

2 ¿Qué daños produce un incendio?

3 ¿Cuáles son las causas de los incendios?

4 ¿Qué desastre natural tiene lugar después de fuertes lluvias?

5 ¿Por qué se produce un terremoto?

6 ¿Qué fenómenos eléctricos acompañan a las tormentas?

7 ¿Qué es un relámpago?

8 ¿Qué nombre recibe el viento cuando gira de forma violenta?

¿Qué **vas a hacer** esta tarde?

Voy a estudiar Matemáticas.

Ir a + infinitivo

yo	voy	
tú	vas	
él / ella / Ud.	va	+ a estudiar
nosotros/-as	vamos	
vosotros/-as	vais	
ellos / ellas / Uds.	van	

Utilizamos **ir a + infinitivo** para hablar de planes e intenciones para el futuro.

1 Completa el diálogo con las formas correctas de *ir* + infinitivo.

Víctor: ¿Qué *vas a hacer* (hacer) el próximo fin de semana?

Raquel: [1] .... (pasar) un par de días a casa de mis primos, pero no sé qué tiempo [2] .... (hacer).

Víctor: Han dicho en la tele que [3] .... (hacer) buen tiempo.

Raquel: Estupendo, porque mis primos y yo [4] .... (organizar) una excursión al campo. El viernes mi tío nos [5] .... (llevar) en el coche. Luego, nosotros solos [6] .... (poner) la tienda de campaña. El sábado sus amigos [7] .... (venir) a pescar con nosotros.

Víctor: Y por la noche, ¿[8] .... (dormir) todos juntos en la tienda?

Raquel: Sí, es muy grande. Y el domingo mis padres nos [9] .... (recoger) para volver a casa.

2 Ordena y contesta a las preguntas.

1 ¿ / al campo / quién / llevarlos / va / a / ?
2 ¿ / tiempo / va / qué / hacer / a / ?
3 ¿ / a / van / dormir / dónde / ?
4 ¿ / van / hacer / qué / a / el sábado / ?
5 ¿ / con ellos / en la tienda / dormir / quién / a / va / ?
6 ¿ / va / recogerlos / quién / el domingo / a / ?
7 ¿ / ir / dónde / van / semana / a / de / fin / el / ?
8 ¿ / a / ver / quién / van / a / ?

3 Observa la agenda de Víctor y di qué planes tiene para el próximo fin de semana.

El viernes por la tarde va a entrenar.

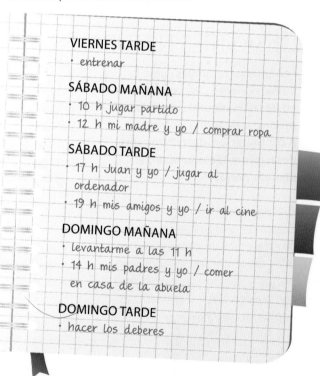

VIERNES TARDE
· entrenar

SÁBADO MAÑANA
· 10 h jugar partido
· 12 h mi madre y yo / comprar ropa

SÁBADO TARDE
· 17 h Juan y yo / jugar al ordenador
· 19 h mis amigos y yo / ir al cine

DOMINGO MAÑANA
· levantarme a las 11 h
· 14 h mis padres y yo / comer en casa de la abuela

DOMINGO TARDE
· hacer los deberes

4 Completa tu agenda y escribe en tu cuaderno seis frases sobre tus planes para el próximo fin de semana.

	viernes	sábado	domingo
por la mañana			
por la tarde			

5 **Pregúntale a tu compañero sobre sus planes para el fin de semana.**

¿Cuándo / tú / hacer los deberes?
- *¿Cuándo vas a hacer los deberes?*
- *Voy a hacer los deberes el viernes por la tarde.*

1 ¿Con quién / tú / jugar con el ordenador?
2 ¿Quedarse / tus hermanos / en casa el sábado?
3 ¿Tus padres / salir el sábado por la noche?
4 ¿Cuándo / tú / quedar con tus amigos?
5 ¿A qué hora / acostarse / tú / el sábado?
6 ¿Tú / levantarse pronto el domingo?
7 ¿Tú y tus amigos / entrenar el sábado?

6 **Relaciona.**

hacer
haber
estar

tormentas
sol
nublado
nubes y claros

RECUERDA
VERBOS: *llover, nevar*

7 **¿Qué tiempo va a hacer el sábado? Mira el mapa del tiempo y escribe cinco frases con el tiempo que va a hacer en España.**

El sábado va a hacer sol en el este de España.

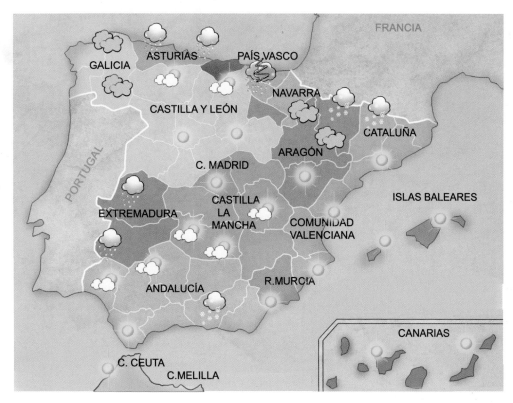

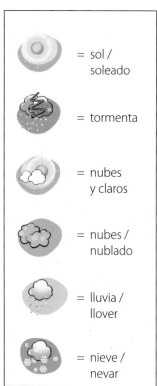

FRANCIA
ASTURIAS
PAÍS VASCO
GALICIA
NAVARRA
CASTILLA Y LEÓN
CATALUÑA
ARAGÓN
C. MADRID
ISLAS BALEARES
CASTILLA LA MANCHA
EXTREMADURA
COMUNIDAD VALENCIANA
PORTUGAL
R. MURCIA
ANDALUCÍA
CANARIAS
C. CEUTA
C. MELILLA

= sol / soleado
= tormenta
= nubes y claros
= nubes / nublado
= lluvia / llover
= nieve / nevar

Pronombres de objeto directo

Pronombres sujeto	Pronombres objeto directo
yo	me
tú	te
él / ella / Ud.	lo / la (se)
nosotros/-as	nos
vosotros/-as	os
ellos / ellas / Uds.	los / las (se)

- *¿Conoces al <u>profesor</u> nuevo?*
- *No, no **lo** conozco.*
- *¿Y a la <u>profesora</u> de inglés?*
- *Tampoco **la** conozco.*

Juan, ¿tú **me** quieres?

Sí, yo **te** quiero.

¿A qué hora **os** llamo mañana?

Lláma**nos** a las siete.

---

8 Escribe el pronombre correspondiente como en el ejemplo.

- ¿Dónde está mi <u>cartera</u>?
- No sé, yo no *la* veo.

1 • ¿Dónde están mis <u>gafas</u>?
   ▪ No sé, yo no _____ veo.

2 • ¿Dónde está mi <u>bolígrafo</u>?
   ▪ No sé, yo no _____ veo.

3 • ¿Dónde están los <u>niños</u>?
   ▪ No sé, yo no _____ veo.

9 Elige el pronombre correcto.

1 Necesito ese libro. **la / lo** voy a comprar.

2 Hoy salgo pronto. Espéra**me/nos**.

3 Mi bici está rota. Mi hermana **lo / la** va a arreglar.

4 Ya vienen los profesores. Los alumnos **los / las** están esperando.

5 No entendemos el ejercicio. Mi madre **te / nos** va a ayudar.

6 Hay un concierto en la plaza, ¿vamos a ver**los/lo**?

7 Papá, **te / lo** llaman por teléfono.

8 Todos los días hay partido de fútbol en la tele, ¡**lo / los** odio!

10 Completa las frases con los pronombres adecuados.

1 Me gusta el tenis. _____ veo todas las semanas por la televisión.

2 • Estas *pizzas* están muy ricas. ¿Dónde _____ compras?
   ▪ _____ compro en el supermercado de mi barrio.

3 • Cuando no entiendes los ejercicios de Matemáticas, ¿quién _____ ayuda?
   ▪ _____ ayuda mi madre.

4 Andrés no va andando al instituto. Sus padres _____ llevan en coche.

5 Esa actriz es muy buena, ¿vamos a ver_____ al teatro?

6 Verónica, ven, ¡ayúda_____! No puedo abrir la puerta.

7 • ¿Quién es esa chica?
   ▪ No sé, no _____ conozco.

8 • Roberto, _____ esperamos en el patio a las cinco.
   ▪ Vale, luego _____ vemos.

9 • ¿Te gustan las películas de terror?
   ▪ No, no _____ veo nunca.

10 • ¿Trabajáis en este restaurante?
   ▪ Sí, _____ llaman todos los domingos para trabajar de camareros.

11 • ¿Dónde está Silvia?
   ▪ No sabemos, _____ estamos esperando.

1  Lee y escucha.

Hablando por teléfono

Marcos: ¿Sí, dígame?

Ricardo: ¡Hola, Marcos! Soy Ricardo. ¿Qué vas a hacer este fin de semana?

Marcos: Bueno..., nada en especial. ¿Por qué?

Ricardo: Tengo dos entradas para ver el Real Madrid–Barcelona. ¿Quieres venir conmigo al partido?

Marcos: ¡Qué bien! Voy a hablar con mi madre. Luego te llamo.

(...)

Marcos: Mamá, Ricardo tiene dos entradas para el Real Madrid–Barcelona. ¿Puedo ir con él al partido?

Madre de Marcos: ¿Cuándo es?

Marcos: Es el sábado a las cinco.

Madre de Marcos: Lo siento, no puede ser. Este sábado vamos a celebrar el cumpleaños de la abuela.

Marcos: ¡Es verdad! ¡Qué coincidencia! Voy a decírselo a Ricardo.

2 Contesta a las preguntas.

1 ¿Para qué llama Ricardo a Marcos?

2 ¿Qué contesta Marcos?

3 ¿Con quién tiene que hablar Marcos?

4 ¿Cuándo es el partido de fútbol?

5 ¿Por qué no puede ir Marcos al partido?

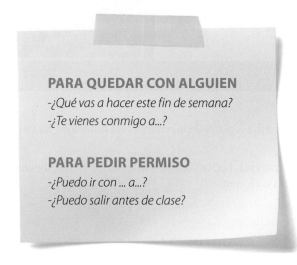

PARA QUEDAR CON ALGUIEN

-¿Qué vas a hacer este fin de semana?

-¿Te vienes conmigo a...?

PARA PEDIR PERMISO

-¿Puedo ir con ... a...?

-¿Puedo salir antes de clase?

3 Prepara un diálogo con tu compañero como en el texto del ejercicio 1. Sugiérele alguna de las siguientes actividades.

OÍR MÚSICA

JUGAR AL ORDENADOR

IR AL CINE

HACER DEPORTE

IR DE COMPRAS

IR A UN PARTIDO DE TENIS

VISITAR UNA EXPOSICIÓN

IR A LA PLAYA

IR DE EXCURSIÓN

4 Prepara un diálogo con tu compañero para pedir permiso a tu padre / madre para realizar una de las actividades del ejercicio anterior.

1 Lee y completa con las siguientes palabras. Después, escucha y comprueba.

continente • playas • océano • cueva • desierto • costa • Valle • volcanes • montañas • península • isla • río • lago

SIETE MARAVILLAS *de España*

España

1 Los Pirineos

Son un conjunto de (1) .... que separan España de Francia. Tienen una longitud de 415 km.

2 Desierto de Tabernas

Este (2) .... está en Andalucía, al sur de España. Es la única zona desértica en todo el (3) .... europeo.

3 La Costa Brava

Es la entrada en la (4) .... ibérica desde la Europa mediterránea. Tiene 214 km de (5) .... y (6) .... maravillosas.

4 Lago de Mar

Es un (7) .... glaciar en el (8) .... de Arán, en el Pirineo catalán. Tiene 880 m de diámetro y 80 de profundidad.

5 Isla de Lanzarote

Forma parte de las islas Canarias, en el (9) .... Atlántico. También la llaman la «(10) .... de los (11) ....» por su actividad volcánica en el siglo XVIII.

6 Cueva de Altamira

Esta (12) .... tiene uno de los conjuntos de pinturas más importantes de la prehistoria. Está en Cantabria, en el norte de la península.

7 Desfiladero del Cares

Este sendero está a unos 1500 m sobre el fondo del desfiladero donde corren las aguas del (13) .... Cares. Está entre León y Asturias.

4

5

6

7

2 ¿Cuál de estos sitios quieres / no quieres ir a visitar? Elige al menos dos de los lugares descritos. Utiliza las siguientes palabras, entre otras, en tus respuestas.

bonito/-a • precioso/-a • aburrido/-a • divertido/-a
interesante • peligroso/-a • frío/-a • calor
caliente • mucho/-a • poco/-a

Quiero ir a visitar la Costa Brava, porque me gusta mucho el mar y el agua del Mediterráneo está caliente en verano.

3 Describe alguna de las maravillas naturales de tu país.

4 En parejas, hablad sobre espacios naturales de vuestro país o ciudad.

• *El río de mi ciudad se llama … y es muy…*
• *En mi pueblo hay…*

LEER

1 **Vas a organizar un viaje con tus compañeros. Lee y contesta a las preguntas.**

¿A DÓNDE?

Lo principal es saber a dónde vamos a ir.

1 ¿Vamos a hacer un viaje cultural?
2 ¿Vamos a practicar deportes náuticos?
3 ¿Nos vamos a la montaña?

¿EN QUÉ FECHAS?

Es importante elegir una buena fecha para tener buen tiempo.

4 ¿Vamos a ir en primavera?
5 ¿Preferimos en verano?
6 ¿En invierno con nieve?
7 ¿En las vacaciones de Semana Santa?

FINANCIACIÓN

Tenemos que decidir cómo conseguir el dinero para el viaje.

8 ¿Vamos a organizar algún sorteo?
9 ¿Ahorramos semanalmente?
10 ¿O pedimos el dinero a nuestros padres?

PROFESORES

Al menos dos profesores tienen que acompañarnos (mejor un profesor y una profesora).

11 ¿Qué profesores pueden acompañarnos?

ALOJAMIENTO

En primavera y en verano hace buen tiempo y podemos dormir bajo las estrellas. Cuando nieva, hace frío; es mejor buscar una habitación con calefacción.

12 ¿Vamos a alojarnos en un albergue de montaña?
13 ¿Vamos a dormir en un hotel?
14 ¿O nos vamos de acampada?

 HABLAR

2 **Haz las preguntas del ejercicio anterior a tu compañero y comentad con el resto de la clase vuestras conclusiones.**

 ESCUCHAR

3 🎧19 **Escucha a Belén y a Iván hablando sobre el viaje de la clase. Completa las frases con los nombres correspondientes: Belén, Iván, Carlos y Paloma.**

1 _____ llama por teléfono.
2 _____ están haciendo el cuestionario del viaje.
3 _____ prefiere ir a la montaña.
4 _____ quiere ir al mar.
5 _____ no puede pedir el dinero a sus padres.
6 _____ son profesores de Educación Física.
7 _____ tiene un niño pequeño.

✏️ **ESCRIBIR**

4 **Lee el anuncio y corrige los errores.**

SEMANA BLANCA
EN PIRINEOS

Nos vamos de vacaciones

¿Te [1] gustan esquiar?

Vamos a organizar una semana en la nieve.
Del 15 al 22 de febrero los alumnos de 2.º C
del Instituto Isabel la Católica [2] **voy** a ir de
excursión a Pirineos.

**¿Y tú? ¿[3] Viene a esquiar con
nosotros?**

- Unos monitores van a enseñarnos las
  técnicas básicas del esquí.
- El albergue [4] **van** a proporcionarnos el
  equipo necesario.
- Nuestros profesores de Educación Física
  van a acompañarnos en esta aventura.

¿Te animas?
El viaje va a costar
330 €
¡[5] Tú esperamos!

5 **En las siguientes informaciones del anuncio hay dos
que son falsas, ¿cuáles son?**

1 En los Pirineos hay pistas de esquí.
2 Los alumnos del primer curso van a organizar una
  semana de vacaciones en la nieve.
3 Van a recibir clases de esquí con monitores.
4 Tienen que llevar el equipo de esquí.
5 Van a acompañarlos unos profesores.

6 **Imagina tu viaje ideal. Prepara tu anuncio para
animar a tus compañeros. No te olvides de incluir
la siguiente información:**

- ✔ ¿A dónde vais a ir?
- ✔ ¿En qué fechas lo vais a organizar?
- ✔ ¿Dónde os vais a alojar?
- ✔ ¿Qué profesores van a ir con vosotros?
- ✔ ¿Cuánto dinero va a costar?

1 ¿Conoces alguna isla? ¿Qué clima tiene? ¿Cómo son sus playas?

2 🔊 Lee y completa el texto con las siguientes palabras. Después, escucha y comprueba.

temperatura • volcán • islas • pueblo • playas • océano • nevadas • clima

◀ **El Teide, Tenerife**

Islas Canarias

Santa Cruz de Tenerife   Las Palmas

▼ **Playa del Inglés, La Gomera**

CANARIAS
LAS ISLAS AFORTUNADAS

Las Canarias son [1] _____ paradisíacas de sol y playas de fina arena. Tienen una [2] _____ primaveral durante todo el año. Son un grupo de siete islas. Cada una es diferente de las otras, con paisajes muy variados. Son islas de origen volcánico, habitadas en la antigüedad por los guanches, un [3] _____ de gente muy alta y de piel clara.

¿DÓNDE ESTÁN SITUADAS?
Están situadas en el [4] _____ Atlántico, cerca de la costa noroeste africana.

CLIMA
Las islas Canarias reciben el nombre de «islas afortunadas» por su [5] _____ de eterna primavera. Se puede tomar el sol y bañarse en sus [6] _____ durante todo el año, con una temperatura media de 22 °C.

EL TEIDE
Es un [7] _____ situado en la isla de Tenerife. Es la montaña más alta de las islas Canarias y de España (3718 m). El Teide tiene sus cumbres [8] _____ durante todo el año.

3 Relaciona los adjetivos de la primera columna con los nombres de la segunda columna.

Adjetivos	Nombres
1 afortunado	a primavera
2 paradisíaco	b antigüedad
3 primaveral	c paraíso
4 volcánico	d fortuna, suerte
5 antiguo	e volcán

4 Lee el texto de nuevo y contesta a las preguntas.

1 ¿Cómo es el clima de las islas Canarias?

2 ¿Quiénes son los guanches?

3 ¿Qué continente está próximo a las islas Canarias?

4 ¿Por qué se llaman «islas afortunadas»?

5 ¿Qué actividades se pueden hacer durante todo el año en las islas Canarias?

6 ¿Cuál es la montaña más alta de España?

Reflexión y evaluación

1 Relaciona las palabras de los recuadros A y B con los dibujos.

A

hace   está   hay

B

tormenta   nublado   lloviendo
niebla   sol   frío
nevando   viento

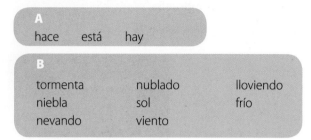

2 George va a ir con su familia de vacaciones a España. Completa las frases sobre sus planes con los siguientes verbos y la forma correcta de *ir a* + infinitivo.

ver • aprender • comer • llevar • comprar

1 Mis padres .... español.

2 Un taxi nos .... al aeropuerto.

3 Nosotros .... algunos museos.

4 Yo .... muchos regalos para mis amigos.

5 Mi familia y yo .... paella.

3 Completa el texto con las formas correctas de *ir a* + infinitivo y los verbos entre paréntesis.

¡Hola, Juan Carlos!
Mañana mis primos y yo [1] .... (ir) al zoo.
[2] .... (ver) el nuevo oso panda de Madrid. Tengo una cámara de fotos nueva y la [3] .... (llevar) para hacer muchas fotos.
Mis primos [4] .... (preparar) bocadillos para todos y, después de ver el zoo, [5] .... (comer) en el parque de atracciones.

4 Corrige en tu cuaderno los pronombres en negrita.

1 Soy muy bueno en matemáticas. Mi profesor **la** explica muy bien.

2 Este ejercicio es muy difícil. No **la** entiendo.

3 Por favor, habla más alto. No **me** oigo.

4 Mi habitación está siempre desordenada. Nunca **lo** ordeno.

5 Relaciona las siguientes palabras con las imágenes.

montaña • río • mar • desierto • costa
isla • playa • cueva • lago

Autoevaluación

MIS RESULTADOS EN ESTA UNIDAD SON:

✌ Muy buenos

👍 Buenos

👎 No muy buenos

Biografías

VOCABULARIO

1 🔊 **Relaciona los siguientes verbos con las imágenes. Después, escucha y comprueba.**

ir a la universidad • nacer • encontrar trabajo • tener hijos • aprender a conducir
casarse • ir al colegio • comprarse un coche • acabar los estudios

2 **Completa la biografía de Fernando. Utiliza el vocabulario del ejercicio 1.**

1978: *Nace* Fernando.

1984: _____ por primera vez.

1996: _____.

1998: _____.

2001: _____.

2002: _____ de médico.

2003: Andrea y él _____.

2005: Andrea y él _____ su primer hijo.

3 **¿A qué edad se hacen normalmente las siguientes cosas en tu país?**

ir al colegio • aprender a leer • hacer exámenes • aprender a conducir • ir a la universidad • casarse

*Los niños van al colegio **cuando tienen tres años.***
*Los niños van al colegio **a los tres años.***
*Los niños van al colegio **con tres años.***

4 Lee el texto y completa su ficha biográfica.

EL CAMPEÓN
más joven del mundo

«Me llamo Marc Márquez y soy piloto de motos. Nací el 17 de febrero de 1993 en una pequeña ciudad de Cataluña llamada Cervera, a una hora en coche de Barcelona. Me subí por primera vez a una moto a los cuatro años. Con ocho años conseguí el Campeonato de Cataluña de Motocross.

En 2013, después de ser campeón del mundo en 125cc (2010) y Moto2 (2012), pasé a la categoría de MotoGP. En mi primera temporada en la máxima categoría del motociclismo gané el título de Campeón del Mundo, fui el piloto más joven en ganar este campeonato. Más adelante, en el año 2014, con mi equipo Repsol Honda, lo volví a conseguir. Pero, ¡la alegría más grande me la dio mi hermano…!».

Su hermano Álex, tres años más joven que él, también fue en 2014 campeón del mundo en la categoría de Moto3. Son los únicos hermanos en la historia del Campeonato Mundial de Motociclismo que tienen cada uno el título de campeón del mundo.

Actualmente Marc Márquez es el cuarto piloto de la historia con el título de campeón del mundo en tres categorías diferentes, entre ellos Valentino Rossi.

- Lugar de nacimiento: _____
- Fecha de nacimiento: _____
- Trabaja como _____
- Fecha de su primer título: _____
- Campeonatos del mundo: _____

5 ¿Verdadero o falso?

1 Marc Márquez nació cerca de Barcelona.

2 Cuando tenía 20 años, empezó a montar en moto.

3 En 2013 cambió de equipo.

4 Tiene dos hermanos.

5 Tiene el mismo número de títulos que Valentino Rossi.

6 Contesta a las preguntas.

1 ¿A qué edad consiguió el primer premio de su carrera?

2 ¿Qué título consiguió con veinte años?

3 ¿En qué categorías ganó el campeonato del mundo en 2010, 2012, 2013 y 2014?

4 ¿Qué característica comparte con solo otros tres corredores de motociclismo del mundo?

Pretérito indefinido

Usamos el **pretérito indefinido** para expresar acciones pasadas y acabadas en un momento determinado del pasado.

Verbos regulares

	acabar	nacer	salir
yo	acab**é**	nac**í**	sal**í**
tú	acab**aste**	nac**iste**	sal**iste**
él / ella / Ud.	acab**ó**	nac**ió**	sal**ió**
nosotros/-as	acab**amos**	nac**imos**	sal**imos**
vosotros/-as	acab**asteis**	nac**isteis**	sal**isteis**
ellos / ellas / Uds.	acab**aron**	nac**ieron**	sal**ieron**

Algunos verbos irregulares

	ir / ser	tener	estar	hacer
yo	fui	tuve	estuve	hice
tú	fuiste	tuviste	estuviste	hiciste
él / ella / Ud.	fue	tuvo	estuvo	hizo
nosotros/-as	fuimos	tuvimos	estuvimos	hicimos
vosotros/-as	fuisteis	tuvisteis	estuvisteis	hicisteis
ellos / ellas / Uds.	fueron	tuvieron	estuvieron	hicieron

El pretérito indefinido suele ir con **marcadores temporales** que sitúan la acción en un momento determinado del pasado:

Vi a Pepe <u>ayer</u>.
*Andrés **fue** al médico <u>hace un año</u>.*
*Mis padres **fueron** a Brasil <u>el verano pasado</u>.*

---

1 **Escribe el pretérito indefinido de los siguientes verbos.**

encontrar (ellos) *encontraron*

1 cerrar (él)
2 comprar (ella)
3 casarse (ellos)
4 estudiar (yo)
5 escribir (él)

6 trabajar (vosotros)
7 coger (tú)
8 vivir (nosotros)
9 acabar (yo)
10 abrir (tú)

2 **Escribe frases con la forma correspondiente del pretérito indefinido.**

1 Yo / nacer / en Bilbao.
2 Mi hermano y yo / no ir / al mismo colegio.
3 ¿(Tú) / hacer / los deberes / ayer por la tarde?
4 ¿(Vosotros) / encontrar / trabajo pronto?
5 Nacho y Joana / casarse / en junio.
6 Pablo / aprender / a conducir a los 18 años.
7 Mis abuelos / tener / tres hijos.
8 Mis tíos / comprar / una casa en la playa hace tres años.
9 (Yo) / estar / en Sevilla el verano pasado con mis padres.
10 Mis amigos y yo / ver / el partido en la televisión de mi casa.

3 **Completa el texto con el pretérito indefinido de los siguientes verbos. Después, escucha y comprueba.**

olvidar • actuar • salir • nacer • ser • terminar
trabajar • casarse • estudiar • llegar • encontrar
comprometerse • cancelar • tener

Jennifer Lopez *nació* el 24 de julio de 1970 en Nueva York. [1] _____ por primera vez en una obra musical a los 16 años. De joven [2] _____ como secretaria y [3] _____ baile y canto. Finalmente [4] _____ trabajo como actriz y se fue a vivir a Hollywood. Con el tiempo [5] _____ a ser la actriz latina mejor pagada. Pero Jennifer no [6] _____ su gran sueño: el canto y el baile. En los años 1999 y 2001 [7] _____ a la venta sus dos primeros cedés: [8] _____ número uno en las listas americanas. En el año 2002 [9] _____ con el actor americano Ben Affleck, pero [10] _____ la boda pocos días antes de su celebración. En el 2004 [11] _____ con Marc Anthony: [12] _____ gemelos en el 2008 y en el 2011 [13] _____ su relación. Su carrera como cantante y actriz sigue siendo un éxito en la actualidad.

4 Escribe las preguntas y completa las respuestas sobre la famosa diseñadora española Agatha Ruiz de la Prada. Fíjate en las palabras subrayadas.

AGATHA RUIZ DE LA PRADA

- *¿Dónde nació?*
- *Nació* (nacer) <u>en Madrid</u>.

- [1] ....
- <u>En 1980</u> [2] .... (abrir) su primera tienda.

- [3] ....
- En 1986 [4] .... (hacer) <u>su primer desfile de moda</u> en París.

- [5] ....
- En 1995 [6] .... (presentar) su primera colección de moda infantil <u>en Barcelona</u>.

- [7] ....
- En 2001 [8] .... (ir) a Florencia <u>a presentar sus nuevos productos</u>: juguetes, disfraces, calcetines, gafas...

- [9] ....
- En 2004, <u>los diseñadores italianos</u> le [10] .... (conceder) el Óscar de la Moda.

---

5 Traduce las frases a tu idioma.

1 Fui a Granada hace seis meses.

2 Conocimos a Ana hace dos años.

3 Aprendimos a nadar hace mucho tiempo.

4 Vi a mi profesora hace una semana.

5 Estuve en España hace un año.

6 Compré un libro hace tres días.

6 Escribe frases con el verbo en pretérito indefinido y la expresión temporal *hace...*

Yo / comprar unas zapatillas nuevas.
Me compré unas zapatillas nuevas hace un mes.

1 Yo / comprar un regalo para un amigo.

2 Mis compañeros y yo / ir de excursión.

3 Mi abuelo / nacer.

4 Yo / aprender a leer.

5 Mis compañeros / empezar a estudiar español.

6 Mi mejor amigo / celebrar su cumpleaños.

7 Yo / ir de vacaciones.

8 Yo / nacer.

7 Pregunta a tu compañero utilizando las siguientes expresiones temporales. ¿Dónde estuviste? ¿Con quién estuviste?

EL FIN DE SEMANA PASADO

HACE 48 HORAS   **ANOCHE**

AYER   **EL VERANO PASADO**

- *¿Dónde estuviste ayer?*
- *Estuve en casa con mi amigo Alejandro.*

8 Fíjate en las fotografías de las vacaciones de Ana y José e indica si las afirmaciones son verdaderas o falsas. Corrige en tu cuaderno las frases falsas y crea frases verdaderas.

Jueves 20, Estación de Sants, Barcelona

Jueves 20, Catedral

Viernes 21, Playa de la Barceloneta

Viernes 21, Restaurante Agua

Sábado 22, Acuario

Sábado 22, regalos y más regalos

Domingo 23, Museo Picasso

Domingo 23, Barcelona de noche

1 El jueves por la mañana llegaron a Barcelona en avión.

2 Ana y José estuvieron seis días en Barcelona.

3 Visitaron la Catedral el jueves.

4 Ana se bañó en la playa, pero José no.

5 El viernes montaron en bicicleta.

6 Comieron paella en la playa el sábado.

7 No salieron por la noche, se acostaron temprano.

8 Vieron el Acuario el viernes.

9 Compraron muchos regalos para la familia.

10 El domingo fueron a la Sagrada Familia.

9 Escribe un texto breve sobre las vacaciones de Ana y José.

1 Lee el texto y di si las afirmaciones son verdaderas o falsas. Corrige las frases falsas.

¿Quién es «El Zorro»?

En la casa del gobernador californiano don Rafael Moncada anoche desaparecieron varias obras de arte de mucho valor y gran cantidad de dinero.
La única pista que dejó el ladrón fue su firma, una Z, en la pared del salón de la casa. ¿Quién está detrás de este nombre?
El comisario Julián Caballero está interrogando a uno de los sospechosos.

Comisario: ¿Cómo se llama usted?

Sospechoso: Luis Zurdo.

Comisario: ¿Dónde estuvo ayer entre las diez y las doce de la noche?

Sospechoso: Estuve en el bar, al lado de mi casa, como todas las noches.

Comisario: ¿Con quién estuvo?

Sospechoso: Al principio estuve solo, pero después llegaron mis amigos.

Comisario: ¿Cómo se llaman sus amigos?

Sospechoso: Los hermanos Ángel y Tomás Retuerta.

Comisario: El camarero afirma que realizó una llamada telefónica. ¿A quién llamó por teléfono?

Sospechoso: A mi padre.

Comisario: ¿Para qué?

Sospechoso: Me quedé sin dinero y mi padre bajó a pagar la cuenta.

1 El gobernador californiano es pobre.

2 El ladrón no escribió su nombre completo en la pared.

3 Solo hay un sospechoso.

4 El sospechoso estuvo solo toda la noche del robo.

5 El sospechoso llamó a su padre por teléfono.

6 El sospechoso pagó la cuenta del bar con su dinero.

2 📻 Escucha la declaración de un segundo sospechoso y contesta a las preguntas.

1 ¿Dónde estuvo Diego Zaragoza?

2 ¿Con quién fue?

3 ¿Cómo se disfrazó?

4 ¿A qué hora se fue?

5 ¿Lo vio alguien?

6 ¿Por qué lo detiene el comisario?

3 Y tu compañero, ¿qué hizo el fin de semana pasado? Escribe cinco preguntas para hacérselas a tu compañero. Utiliza los siguientes interrogativos.

¿Dónde?   **¿Cuándo?**

¿Con quién?   **¿Cómo?**

¿Por qué?   **¿Para qué?**

¿Qué?   **¿A qué hora?**

¿A quién?

• ¿Dónde estuviste el fin de semana pasado?

▪ Estuve en casa de mis tíos con mis primos.

• ¿Cómo fuiste a casa de tus tíos?

▪ Fui en coche con mi padre.

1 🔊 **Relaciona las imágenes con estas palabras. Después, escucha y repite.**

teatro • plató de cine / televisión • sala de conciertos • librería
taller de pintura • academia de baile • sala de exposiciones

2 **Mira de nuevo el vocabulario del ejercicio anterior. ¿Dónde puedes encontrar normalmente a las siguientes personas? Puede haber más de una respuesta. Compáralas con tu compañero.**

ACTOR / ACTRIZ   BAILARÍN(A)   DIRECTOR(A)
MÚSICO/-A   NOVELISTA   PINTOR(A)
CANTANTE   CÁMARA

3 **Relaciona las siguientes definiciones con las palabras del ejercicio 2.**

1 Persona que representa un papel en el teatro, la radio, la televisión o el cine.

2 Persona que baila danzas clásicas, tradicionales o modernas.

3 Persona que graba programas de televisión y películas.

4 Persona que canta profesionalmente.

5 Persona que da las instrucciones a los actores durante el rodaje de una película.

6 Persona que toca un instrumento musical.

7 Persona que escribe novelas.

8 Persona que se dedica a la pintura artística.

4 🎧 **Escucha a estas personas hablando sobre sus trabajos. ¿En qué trabajan o desean trabajar?**

5 **Elige una profesión. Tus compañeros te hacen preguntas para adivinarla y tú solo puedes contestar sí o no.**

• *¿Trabajas en el cine?*
▪ *No.*

6 **En parejas, pensad en personas famosas de vuestro país para cada una de las profesiones del ejercicio 2.**

Pedro Almodóvar es un famoso director español de cine.

LEER

1 🔊 **Pon los textos en el orden correcto. Después, escucha y comprueba.**

SHAKIRA

A Con su álbum «¿Dónde están los ladrones?», se convirtió en la máxima representante del pop-rock latino.

B En la actualidad, Shakira dedica su tiempo libre a su fundación «Pies Descalzos», para ayudar a los niños pobres de Colombia.

C Empezó en el mundo del espectáculo a los cinco años: desde niña quiso ser cantante.

D Shakira nació el 2 de febrero de 1977 en Barranquilla, Colombia.

E Con ocho años escribió su primera canción e inició su carrera musical.

RICKY MARTIN

A Cinco años después, con diecisiete años, se fue a vivir a Nueva York, donde trabajó como modelo para pagarse los estudios de canto e interpretación.

B Además de cantante y actor, es embajador de UNICEF y dirige la «Fundación Ricky Martin» para proteger los derechos de los niños.

C Entre 1999 y 2007 consiguió los premios más importantes de la música latina.

D En 1994 colaboró en la serie estadounidense «Hospital Central», logrando un gran éxito.

E Enrique Martín nació en San Juan de Puerto Rico el 24 de diciembre de 1971. Fue un niño prodigio y con solo doce años formó parte del grupo musical «Menudo».

2 Completa las fichas con la información de los textos.

SHAKIRA

Fecha de nacimiento

Nacionalidad

Profesión

Otras actividades

RICKY MARTIN

Fecha de nacimiento

Nacionalidad

Profesión

Otras actividades

🔊 **ESCUCHAR**

3 🔊 **Escucha la biografía de David Ferrer y después completa la ficha.**

David Ferrer

Fecha de nacimiento

Nacionalidad

Profesión

Otras actividades

💬 **HABLAR**

4 **Prepara las preguntas necesarias para entrevistar a tu compañero sobre su biografía.**

ESCRIBIR

5 (28) **Lee y escucha el texto.**

Un mundo de Biografías

Santiago Segura

Santiago Segura nació en Madrid el 17 de julio de 1965. De niño fue un gran aficionado a los tebeos y al cine y en el instituto rodó sus primeros cortos con una cámara Súper 8.

De joven también trabajó como presentador de televisión y actor de doblaje.

Es un buen dibujante y creó sus propios cómics. Estudió la carrera de Bellas Artes en la universidad.

A la edad de dieciocho años consiguió un premio Goya al mejor corto.

Dos años después, y dirigido por Álex de la Iglesia, Segura protagonizó una de las películas españolas de mayor éxito: *El día de la bestia.*

Más adelante se hizo famoso como director con su primer largometraje, *Torrente, el brazo tonto de la ley,* las aventuras de un policía antihéroe, al que siguieron varias películas sobre el mismo personaje, las más taquilleras del cine español. Actualmente es actor, guionista, director y productor de cine español.

Torrente

6 **Completa las frases y tradúcelas a tu idioma.**

1 De niño…

2 De joven, …

3 A la edad de … años, …

4 Dos años después, …

5 Más adelante, …

6 Actualmente, …

7 **Escribe la biografía de un personaje famoso o de alguien de tu familia (abuelos, padres, tíos…). Utiliza los conectores del ejercicio anterior y no te olvides de incluir la siguiente información.**

• ¿Dónde y cuándo nació?

• ¿Qué hizo de joven?

• ¿Cuál fue su primer trabajo?

• ¿Se casó? ¿Cuándo?

• ¿Tuvo hijos?

• ¿Dónde vive y a qué se dedica actualmente?

1 ¿Sabes quién fue Colón? ¿En qué siglo vivió? ¿Conoces el nombre de algún otro descubridor?

2 🔊29 Lee y escucha. Después, contesta a las preguntas.

Cristóbal Colón

Cristóbal Colón nació en Génova (Italia) en 1451. Se interesó desde niño por la navegación y, desde muy joven, trabajó como marinero. En 1477 se casó con Felipa Muñiz y cinco años después tuvieron su primer hijo.

Interesado por la geografía, estudió los mapas de la época y pensó en la posibilidad de viajar a las Indias Orientales. En 1484 viajó a España, presentó su proyecto a los Reyes Católicos y logró su apoyo económico.

El 3 de agosto de 1492 Colón salió de España y el 12 de octubre del mismo año él y su tripulación desembarcaron por primera vez en una isla del Caribe a la que llamaron San Salvador.

A partir de entonces, Colón realizó otros viajes, pero ninguno tuvo tanto éxito como el primero.

Olvidado, triste y enfermo, el gran navegante murió el 20 de mayo de 1506 en Valladolid (España).

1 ¿A qué edad se casó Colón?

2 ¿Con qué edad fue padre?

3 ¿Quién ayudó a Colón a pagar su viaje a América?

4 ¿Cuánto tiempo tardaron Colón y su tripulación en llegar a América?

5 ¿Cuál fue la primera isla a la que llegaron?

6 ¿Con cuantos años murió?

Reflexión y evaluación

1 Completa las frases con los siguientes verbos en pretérito indefinido.

> ir • vivir • llegar • estudiar • casarse • acabar
> estar • coger • trabajar • nacer • comprar

1 Mis padres .... en la Catedral Nueva de Salamanca en 1993.

2 Yo .... en el cine ayer.

3 Mis amigos y yo .... el autobús para ir al cine.

4 Mi primo .... en Vitoria con su novia dos años.

5 El profesor de Español .... tarde ayer.

6 Juan y tú .... juntos en Televisión Española.

7 Alba y Amanda .... el mismo año y .... en el mismo colegio.

8 ¿Tú .... ayer el último cedé de Amaral?

9 Nosotros .... el proyecto de Tecnología hace una semana.

10 ¿Vosotros .... a esquiar las navidades pasadas?

2 Cambia las frases de presente a pretérito indefinido.

1 Adrián compra un cómic japonés.

2 Mis tíos no comen carne en la cena.

3 Vosotros jugáis bien al fútbol.

4 Yo voy a clase de Música.

5 Nosotros aprendemos español en Argentina.

3 Pon las palabras en el orden correcto.

1 Raquel / París / cinco / hace / estuvo / en / días

2 Bogotá / hace / años / nació / catorce / en / Raquel

3 hace / tiempo / Raquel / chino / aprendió / mucho

4 Completa el texto con el pretérito indefinido de los verbos que están entre paréntesis.

> Héroes del Silencio [1] .... (ser) un grupo musical famoso de Zaragoza, España. Enrique Bunbury [2] .... (empezar) a cantar en un grupo con algunos amigos del colegio. Ellos [3] .... (escribir) algunas canciones y [4] .... (tocar) en muchos conciertos. Luego [5] .... (grabar) su primer cedé que [6] .... (tener) mucho éxito. Al final, ellos [7] .... (separarse) y actualmente Enrique Bunbury canta en solitario.

5 Relaciona las siguientes palabras para formar expresiones coherentes.

> IR   HIJOS   CONDUCIR   A
> AL   COLEGIO   TENER
> ESTUDIOS   UN   ENCONTRAR
> COMPRARSE   ACABAR
> LOS   TRABAJO
> COCHE   APRENDER

6 Completa las frases con las siguientes palabras.

> cantante • librería • director • músicos
> pintores • actriz • bailarín • taller

1 Mi hermana estudia en una escuela de Arte Dramático porque quiere ser ....

2 El .... que dirigió esta película es muy joven.

3 Siempre quise ser .... La danza es mi actividad favorita.

4 Los .... en verano van con sus instrumentos de ciudad en ciudad para actuar en conciertos.

5 El sábado estuvimos oyendo a un grupo de rock y, al final del concierto, el .... nos firmó un autógrafo.

6 Quiero ser pintor para trabajar en mi propio ....

7 En el Museo del Prado hay muchos cuadros de .... famosos.

8 Mi padre trabaja en una .... donde vende novelas y libros de poesía.

Autoevaluación

MIS RESULTADOS EN ESTA UNIDAD SON:

✌ Muy buenos

👍 Buenos

👎 No muy buenos

ℹ Ahora puedes hacer el Proyecto 1 (páginas 120-121)

En casa y en el colegio

4

1 Clasifica las siguientes palabras en el grupo correcto.

ordenador • examen • curso
escuela de primaria • libro de texto • tiza
universidad • vacaciones • deberes • trimestre
escuela infantil • borrador de la pizarra
cuaderno de ejercicios • instituto • sacapuntas

> Material de clase

> Actividades de estudio

> Centros de estudio

> Periodos de estudio y descanso

2 Ahora, relaciona las palabras anteriores con sus definiciones.

1 Trabajo para casa. *Deberes*

2 Lugar donde se estudia la Educación Secundaria y el Bachillerato.

3 Lo utilizamos para escribir en la pizarra.

4 Lugar donde estudian los niños antes de los seis años.

5 Uno de los tres periodos del curso escolar.

6 Lo utilizamos para buscar información y escribir nuestros trabajos.

7 Largo periodo de descanso.

8 Lo utilizamos para limpiar la pizarra.

9 Prueba de conocimientos, escrita u oral.

10 Lo utilizamos para sacar punta al lápiz.

3 Completa las frases con el vocabulario del ejercicio 1.

1 En un curso hay tres *trimestres*.

2 Tengo que estudiar mucho este fin de semana porque la semana próxima tengo dos
....

3 Cuando terminamos primaria vamos al
....

4 Esta tarde no puedo salir porque tengo que hacer muchos ....

5 En mi .... de Español hay muchas fotos de Madrid y Barcelona.

6 Siempre paso las .... en la playa.

4 Relaciona las diferentes partes del dibujo con las siguientes partes del colegio.

gimnasio • biblioteca • laboratorio • aula
taller de tecnología • cafetería • patio
salón de actos • secretaría • sala de profesores

5 Completa las frases.

1 La clase de .... la damos en el gimnasio.

2 Los trabajos de .... los hacemos en el taller.

3 Necesito un libro para el trabajo de Ciencias Naturales, voy a la ....

4 A la hora del recreo los alumnos salimos al ....
y los profesores se reúnen en la ....

5 Las obras de teatro y las conferencias se realizan en el
....

6 🎧 **Lee y escucha el texto y di si las afirmaciones son verdaderas o falsas.**

AULAS
DEL MUNDO

INDIA. El país de los niños

En la India nacen más de cuarenta millones de niños al año. Uno de cada cinco no va al colegio, porque tienen que trabajar desde muy pequeños, según UNICEF. En la foto vemos un grupo de niños indios en su clase de religión.

EUROPA. Educación infantil

La mitad de los países del mundo no tienen escuelas infantiles para niños menores de tres años. En Europa más del 25 % de los niños va a la guardería. En la foto, un grupo de niños en su escuela infantil.

ÁFRICA despierta

En África el número de niños que va al colegio es cada vez mayor. El número de escuelas está creciendo desde el año 2000 más que en cualquier otra parte del mundo, según la UNESCO. En la fotografía vemos a los niños de una escuela africana en su clase de Matemáticas.

CHINA. De la agricultura a la tecnología

El número de familias chinas que cambian su vida en el campo por la ciudad es cada vez mayor. Por eso el gobierno chino está construyendo nuevas y modernas escuelas en las ciudades. En la imagen podemos ver a un grupo de niños chinos en su aula de idiomas.

El País Semanal

1 La mayoría de los niños indios no van al colegio.

2 Los niños indios no van al colegio porque no quieren.

3 Los niños menores de tres años solo van a la escuela infantil en Europa.

4 En Europa todos los niños van a la guardería.

5 En África, actualmente, van más niños al colegio que antes.

6 Hoy hay más escuelas en África que hace unos años.

7 Muchas familias chinas están abandonando el campo para ir a vivir a la ciudad.

8 En China no hay escuelas modernas.

Pretérito imperfecto

El pretérito imperfecto expresa acciones habituales y repetidas en el pasado.

Verbos regulares

jugar	hacer	vivir
jug**aba**	hac**ía**	viv**ía**
jug**abas**	hac**ías**	viv**ías**
jug**aba**	hac**ía**	viv**ía**
jug**ábamos**	hac**íamos**	viv**íamos**
jug**abais**	hac**íais**	viv**íais**
jug**aban**	hac**ían**	viv**ían**

Verbos irregulares

ser	ir
era	iba
eras	ibas
era	iba
éramos	íbamos
erais	ibais
eran	iban

*Cuando **era** pequeño **iba** al colegio de mi pueblo.*
*Antes en invierno **nevaba** mucho.*
*De joven **hacía** mucho deporte, ahora **hago** menos.*

---

1 Escribe el pretérito imperfecto de los verbos siguientes como en el ejemplo.

jugar (ellos) *jugaban*

1 trabajar (yo)
2 tener (tú)
3 salir (nosotros)
4 beber (vosotros)
5 escribir (ella)
6 dormir (él)
7 comer (ellas)
8 venir (ustedes)
9 dibujar (usted)
10 cantar (nosotras)

2 Completa las frases con el pretérito imperfecto de estos verbos.

llover • ~~trabajar~~ • ser (x2) • vivir • saber • ir (x2) • cantar • leer • hacer (x2)

Antes mi hermana *trabajaba* en una peluquería, pero ahora no.

1 Nosotros siempre .... al cine juntos cuando .... pequeños.
2 Ayer .... cuando .... al colegio. (yo)
3 ¿Tú .... montar en bici con cinco años?
4 Mis primos antes .... en Sevilla.
5 En mi pueblo antes .... mucho frío.
6 ¿Vosotros antes .... muy amigos?
7 Antes mi hermana y yo .... en un coro, ahora cantamos en un grupo de rock.
8 Yo antes .... muchos cómics, ahora leo más novelas.
9 Mi padre de joven .... mucho deporte, ahora hace muy poco.

3 Completa las frases como en el ejemplo.

Antes *vivía* en Zaragoza, ahora *vivo* en Salamanca. (vivir / yo)

1 Nuestros padres .... a las canicas y nosotros .... al ordenador. (jugar)
2 Antes .... al pueblo en tren y ahora .... en coche. (ir / ellos)
3 Cuando mis padres eran pequeños, la televisión .... en blanco y negro, ahora .... en color. (ser)
4 A mí antes me .... mucho el chocolate, ahora no me .... nada. (gustar)
5 Antes Julia .... en un hospital, ahora .... en una clínica dental. (trabajar)

Comparativos

Comparativos con adjetivos

Julia es	más	alta	que	David
	menos			
	tan		como	

Comparativos con verbos

Julia estudia	más	que	David
	menos		
	tanto como		

Comparativos irregulares

bueno/-a/-os/-as	mejor(es)	
malo/-a/-os/-as	peor(es)	+ que
grande(s)	mayor(es)	
pequeño/-a/-os/-as	menor(es)	

Juan es **más alto que** Andrés.

Andrés está **menos delgado que** Juan.

Andrés es **tan simpático como** Juan.

4 Forma frases comparativas usando el adjetivo que aparece entre paréntesis.

1 Una bicicleta es _____ un coche. (rápido/-a)

2 Un coche es _____ una bicicleta. (caro/-a)

3 La bicicleta es _____ el coche para la salud. (bueno/-a)

4 Una bicicleta es _____ un coche. (ecológico/-a)

5 La moto es _____ el coche. (rápido/-a)

6 La bicicleta es _____ el coche los días de lluvia. (malo/-a)

5 Une las dos frases utilizando el comparativo de los adjetivos como en el ejemplo.

Ana está enfadada. Antonio está muy enfadado.
Antonio *está más enfadado que Ana.*

1 Julián está muy contento. Angélica no está muy contenta.
Angélica...

2 Enrique es muy alto. Susana también es muy alta.
Enrique...

3 El equipo de fútbol de Susana es bueno. El equipo de Marta es muy bueno.
El equipo de Marta...

4 Mi móvil en bastante malo. El móvil de mi hermano es bastante bueno.
Mi móvil...

5 Pablo es muy joven. Sergio es joven.
Sergio...

6 Isabel es simpática. Elsa es muy simpática.
Elsa...

6 Observa el dibujo y el cuadro y escribe cinco frases comparativas como la del ejemplo.

	EDAD	ALTURA	PELO
Nuria	13	1,60 m	largo
Adrián	14	1,75 m	corto
María	13	1,65 m	corto
Felipe	15	1,75 m	largo

Nuria tiene el pelo más largo que María.

7 Utiliza los siguientes adjetivos para comparar las asignaturas, los exámenes, los ejercicios...

difícil · interesante · aburrido/-a · divertido/-a · fácil

Los exámenes de Matemáticas son más difíciles que los de Inglés.

8 Mira las siguientes fotos. Imagina cómo era la vida hace cien años y forma frases. Habla con tu compañero.

- *La gente rica llevaba ropa muy elegante.*
- *Y la gente pobre trabajaba mucho.*

1 Lee y escucha la entrevista.

Entrevista de opinión

Pedro: Estamos haciendo una entrevista sobre el uso de los juegos de ordenador para la revista del instituto. ¿Te importa contestar a algunas preguntas?

Nuria: No, claro que no.

Pedro: En la época de nuestros padres los niños no tenían ordenador. Ahora nosotros dedicamos más de la mitad de nuestro tiempo libre a jugar con él. ¿Tú qué opinas de esto?

Nuria: Yo creo que son una buena opción para el tiempo libre porque la mayoría de los juegos de ordenador son divertidos y educativos.

Pedro: Pero yo creo que antes tenían más imaginación que nosotros a la hora de jugar, ¿no?

Nuria: Yo también. Creo que ahora dependemos demasiado de la tecnología.

Pedro: Además, yo opino que el ordenador nos quita tiempo para relacionarnos con los amigos. ¿Qué piensas tú?

Nuria: Creo que tienes razón. Hay chicos y chicas que están demasiado tiempo con el ordenador y no salen con los amigos.

Pedro: En el colegio nos dicen que hay que dedicarle más tiempo a la lectura. ¿Estás de acuerdo?

Nuria: Sí, estoy de acuerdo. Uno de mis propósitos para el nuevo año es jugar un poco menos con el ordenador y leer un poco más.

Pedro: Gracias por tu colaboración, Nuria.

2 Contesta a las preguntas.

1 ¿Qué opina Nuria sobre los juegos de ordenador?

2 ¿Por qué cree Nuria que ahora los chicos y chicas no tienen tanta imaginación como antes a la hora de jugar?

3 ¿Está de acuerdo Nuria con los consejos sobre la necesidad de leer más?

PEDIR Y EXPRESAR OPINIÓN

-¿Tú qué opinas sobre...?

-¿Qué piensas de...?

-¿Estás de acuerdo con...?

-Yo creo que...

-Sí, estoy de acuerdo. / No, no estoy de acuerdo.

-Yo también. / Yo tampoco.

-Tienes razón.

3 Localiza en la entrevista del ejercicio 1 las expresiones anteriores para pedir o expresar opiniones.

4 Prepara una entrevista como la del ejercicio 1 para hacerle a tu compañero. Elige uno de los siguientes temas.

TELEVISIÓN DEPORTES

MÚSICA...

1 🎧 Completa la tabla con los siguientes países. Después, escucha, comprueba y repite.

Reino Unido • Australia • Polonia • Portugal • Japón • Argentina • España • Marruecos • Nueva Zelanda • Brasil • Canadá
China • Estados Unidos • Sudáfrica • Francia • Rumanía • Ecuador • Croacia • Perú • Ucrania • Italia • Chile

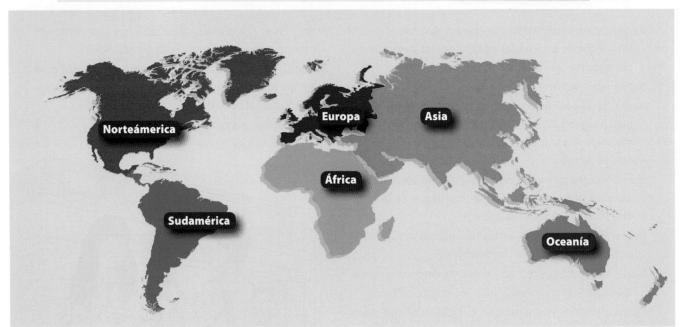

Europa	Asia	África	Oceanía	Norteamérica	Sudamérica

2 En parejas, completad estas listas de países.

Escribe los nombres de:

- 6 países europeos: ...., ..., ..., ...,
  ...., ...

- 5 países de habla hispana: ...., ...,
  ...., ...

- 4 capitales europeas: ...., ..., ...,
  ....

- 3 países de Sudamérica: ...., ..., •

- 2 países en el Norteamérica: ...., ...

- 1 país de África: ....

3 Relaciona las siguientes nacionalidades con los países del ejercicio 1.

polaco/-a • rumano/-a • canadiense • ucraniano/-a
británico/-a • francés(a) • japonés(a) • neozelandés(a) • croata
brasileño/-a • peruano/-a • marroquí • estadounidense
australiano/-a • ecuatoriano/-a • sudafricano/-a • argentino/-a
español(a) • chino/-a • italiano/-a • portugués(a) • chileno/-a

Los portugueses son de Portugal.

4 ¿En qué países se hablan los siguientes idiomas?

español • inglés • mandarín • árabe • francés • polaco
rumano • ucraniano • croata • portugués • japonés • italiano

El español se habla en…

 LEER

1 Lee el texto y di si las afirmaciones son verdaderas o falsas. Corrige las falsas.

Los jóvenes y la educación de calidad

La UNESCO recogió sugerencias e ideas de estudiantes de enseñanza secundaria, de entre 12 y 18 años, para conocer su opinión sobre la educación en sus países. Los chicos y chicas escribieron mensajes en un máximo de diez líneas en español, francés o inglés. Estas son algunas de sus opiniones:

«… Se puede mejorar la educación por la lectura, los debates y pidiendo menos deberes. Se deben incorporar los juegos y los alumnos deben aprender y divertirse al mismo tiempo…». **Fergie Ann Panganiban**, 15 años, FILIPINAS

«Una buena educación nos enseña a ser tolerantes y a respetar a nuestros semejantes… La educación nos ayuda a ser mejores con nosotros y con los demás, a la comprensión mutua, a la comprensión universal y a resolver los conflictos mundiales». **Nerea Izagirre**, 13 años, ESPAÑA

«Es mejor si estudiamos pocas materias obligatorias y mas optativas, a elección de los alumnos. De esta manera, cada uno puede desarrollar sus intereses. Para un estudiante, es mucho más fácil aprender un tema si le gusta mucho». **Malgorzata Tylka**, 17 años, POLONIA

«… En la actualidad es necesario dominar idiomas extranjeros, pues esto permite ampliar horizontes. Por eso creo que es necesario aprender tres o cuatro lenguas extranjeras». **Valeria Reva**, 12 años, UCRANIA

«Pienso que nuestra educación puede ser mejor si alguien en nuestra casa nos ayuda. Todos los papás trabajan y llegan tarde, les pedimos ayuda y nos contestan que están cansados…». **Fernando Andrés Regodeves Leyva**, 13 años, CHILE

Estimados Ministros de Educación de los distintos países del mundo, esperamos que ustedes valoren nuestras opiniones y nos ayuden a mejorar la educación en el futuro.

Extraído de http://unesdoc.unesco.org/

1 Opinaron alumnos universitarios.

2 Nerea cree que una buena educación ayuda a resolver problemas internacionales.

3 El conocimiento de idiomas amplía tu visión del mundo, dice Valeria.

4 Según Fergie, aprender jugando es el mejor sistema.

5 Dice Malgorzata que es mejor tener muchas asignaturas obligatorias.

6 Los padres deben estar más tiempo en casa y ayudar a sus hijos, opina Fernando.

◀)) ESCUCHAR

2 🔊 Escucha tres opiniones sobre la educación y completa estas frases.

1 Los estudiantes no deben ver tanta televisión: pierden el tiempo y ....

2 En las escuelas debe haber bibliotecas para llevar .... a casa.

3 Todos debemos respetar a las personas que ....

4 Con los intercambios escolares encontramos .... en ....

💬 HABLAR

3 Prepara con tu compañero tres sugerencias para hacerle al ministro o ministra de Educación de tu país.

✏ ESCRIBIR

4 **Lee la descripción que hace David en su blog sobre su instituto.**

«El Naranjo»: MI INSTITUTO DE SECUNDARIA

<u>COMENTARIO</u>

Me llamo David y voy al instituto «El Naranjo», en Fuenlabrada, al sur de Madrid. Empezamos las clases a las ocho y media de la mañana y tenemos seis clases y un recreo de media hora todos los días. En el instituto hay una cafetería y a la hora del recreo podemos comprar un bocadillo y algo de beber. Las clases acaban a las dos y media y nos vamos a comer a casa. Por la tarde hago los deberes y luego me voy a entrenar. Estoy en el equipo de fútbol de mi barrio.

Me gusta ir al instituto porque allí veo a mis amigos y jugamos en el recreo. Algunas clases son aburridas, pero mi asignatura favorita es Educación Física porque practicamos muchos deportes. También me gustan la Plástica y las Matemáticas.

En mi instituto hay compañeros de distintas nacionalidades: marroquíes, rumanos, croatas, chinos, peruanos, etc. Mi mejor amigo se llama Dónovan y es ecuatoriano. Jugamos en el mismo equipo de fútbol.

5 **Relaciona utilizando la palabra** *porque*.

1 Voy al colegio
2 Me gusta la Educación Plástica
3 Me encantan los sábados
4 Estoy estudiando hoy
5 Hoy voy a jugar con el ordenador

a … tengo un examen mañana.
b … tengo que aprender.
c … no tengo deberes.
d … dibujo muy bien.
e … no hay colegio.

6 **Traduce las frases a tu idioma.**

1 Me gusta el instituto porque veo a mis amigos.
2 Mi asignatura favorita es Educación Física porque practicamos muchos deportes.
3 En mi clase tengo compañeros de otras nacionalidades.

7 **Escribe un texto como el del ejercicio 4 sobre tu colegio. No te olvides de incluir:**

- ¿Cómo se llama y dónde está?
- ¿A qué hora empiezan y terminan las clases?
- ¿Cuántas clases tienes cada día?
- ¿Cuál es tu asignatura favorita y por qué?
- ¿Por qué te gusta ir al colegio?
- ¿Hay estudiantes de otras nacionalidades? ¿De dónde son?

1 ¿Sabes lo que son las pinturas rupestres? ¿Hay alguna cueva con pinturas prehistóricas en tu país?

2 🔊 **34** Lee y escucha. Después, contesta a las preguntas.

La vida en la prehistoria

La vida de nuestros antepasados era muy distinta de la actual. El clima era duro y buscar una cueva era lo más importante. Comían raíces, frutos y carne de los animales que cazaban: osos, bisontes, mamuts... Los pueblos que vivían junto al mar se alimentaban fundamentalmente de pescado. Entonces el avance más importante para la vida en la prehistoria fue el descubrimiento del fuego, porque con él podían cocinar los alimentos, abrigarse y defenderse de los animales.

Ahora podemos encontrar mucha información sobre la vida de nuestros antepasados en las pinturas rupestres de las cuevas donde habitaban.

En España, las pinturas rupestres más importantes se encuentran en las cuevas de Altamira, en Santillana del Mar. En ellas el animal más representado es el bisonte, junto a caballos y ciervos. Estas pinturas eran imágenes de caza o de batallas entre tribus, representadas por los ciervos y los bisontes.

Después del periodo glacial, el clima cambió y nuestros antepasados abandonaron las cuevas para vivir en el exterior. Entonces descubrieron la agricultura y su vida se transformó para siempre.

1 ¿Por qué vivían los hombres prehistóricos en cuevas?

2 ¿De qué se alimentaban?

3 ¿Por qué sabemos cómo era la vida en la prehistoria?

4 ¿Qué animales pintaron los habitantes de la cueva de Altamira?

5 ¿Qué representaban sus dibujos?

6 ¿Cuándo abandonaron nuestros antepasados las cuevas?

7 ¿Qué dos descubrimientos revolucionaron la vida del ser humano?

Reflexión y evaluación

1 **Completa el diagrama.**

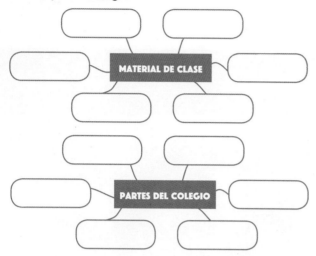

2 **Completa las frases con el pretérito imperfecto de los verbos entre paréntesis.**

1 Mi abuela no .... (tener) televisión cuando .... (ser) pequeña.

2 Nuestros hermanos .... (leer) cómics.

3 Tus amigos y tú .... (jugar) en el patio del instituto.

4 Antonio Banderas .... (vivir) en Málaga.

5 ¿Tú .... (dormir) con un peluche?

6 Yo .... (ir) a trabajar en bicicleta.

7 Laura y Jaime .... (hacer) los deberes.

8 Nosotros .... (escribir) cartas a los chicos y chicas de un instituto de París.

9 ¿Marina y tú .... (trabajar) en la misma peluquería?

10 Yo .... (dibujar) para la revista *Manga*.

3 **Con las siguientes actividades, escribe frases negativas o afirmativas sobre ti cuando estabas en el colegio. Usa el pretérito imperfecto.**

Jugar en el parque

Leer novelas

Ver películas de terror

Escuchar música pop

Dibujar

Tocar el piano

4 **Completa el texto con comparativos usando los adjetivos entre paréntesis.**

En una encuesta a dos mil chicos y chicas españoles, estos votaron que los profesores de Ciencias son [1] .... (aburrido) que los de idiomas, y que Matemáticas es [2] .... (difícil) que Lengua Española, por tanto, sus notas son [3] .... (malo) en Matemáticas que en Lengua.

Para la mayoría de los alumnos, Educación Física es [4] .... (divertido) que Ciencias Sociales y Música es [5] .... (fácil) que Tecnología.

Un 80 % opina que ir al instituto es [6] .... (bueno) que quedarse en casa.

5 **¿Qué idiomas se hablan en estos países?**

 1 Francia

 6 Estados Unidos

 2 Alemania

 7 Polonia

 3 Cuba

 8 Italia

 4 Japón

 9 Argentina

 5 Croacia

 10 Canadá

Autoevaluación

MIS RESULTADOS EN ESTA UNIDAD SON:

 Muy buenos

 Buenos

No muy buenos

El tráfico en mi ciudad

5

VOCABULARIO	▶ Medios de transporte ▶ En la ciudad ▶ Sucedió en…
GRAMÁTICA	▶ Imperativo ▶ *Hay / Está / Están*
COMUNICACIÓN	▶ Mapas ▶ Pedir y dar instrucciones para ir a un lugar
COMUNICACIÓN Y VOCABULARIO	▶ Viajar
DESTREZAS	▶ ¿Qué sabes de Buenos Aires? ▶ *Además / también / y* ▶ Escribe un correo electrónico
CULTURA	▶ ¡Bienvenidos a Ciudad de México!

5 VOCABULARIO

1 🔊 **Relaciona las siguientes palabras con los dibujos. Después, escucha y comprueba.**

autobús • camión • bicicleta • furgoneta • taxi • moto • tren • metro • coche • avión • barco • helicóptero • tranvía

MEDIOS DE TRANSPORTE

2 **¿Verdadero o falso?**

1 Los trenes son más rápidos que los aviones.

2 Los coches son menos ecológicos que las bicicletas.

3 El autobús es más cómodo que el taxi.

4 La moto es más ruidosa que la bicicleta.

5 Una furgoneta puede llevar más kilos de carga que un camión.

6 En un autobús pueden viajar más personas que en el metro.

7 Los aviones vuelan más alto que los helicópteros.

8 La moto es más segura que una bicicleta.

9 Una furgoneta es más grande que un camión.

10 Viajar en metro es más caro que viajar en taxi.

3 [36] **Mira el dibujo y completa las frases. Después, escucha y comprueba.**

cruzar • peatón • señal de tráfico • paso de cebra
cruce • acera • puente • semáforos • atasco

EN LA CIUDAD

1 La mujer y el bebé van por la
....

2 Los .... del .... no
funcionan porque están estropeados
y se ha formado un ....

3 El camión ha chocado con la
....

4 Por el .... solo circula una
moto.

5 Los perros cruzan tranquilamente por
el ....

6 El .... no puede ....
porque el semáforo está rojo.

4 [37] **Lee y escucha los textos. Después, contesta a las preguntas.**

Sucedió en Barcelona

Ayer por la mañana un coche y una furgoneta tuvieron un accidente en la calle de la Constitución. Un camión estaba estropeado y el conductor no podía moverlo. Eran las ocho de la mañana y había mucho tráfico, así que se formó un gran atasco. Los conductores de los automóviles estaban muy nerviosos y uno de ellos intentó adelantar al camión. Desgraciadamente, una furgoneta venía en dirección contraria. Los dos frenaron, pero el accidente fue inevitable. El conductor de la furgoneta sufrió heridas importantes. Los dos vehículos quedaron muy dañados.

NOTICIA DE BARCELONA

1 ¿Qué dos vehículos tuvieron el accidente?
2 ¿Por qué había mucho tráfico?
3 ¿Por qué se formó un atasco?
4 Después del accidente, ¿qué conductor estaba peor?
5 ¿Y qué vehículo estaba peor?

Sucedió en Madrid

Ayer por la tarde, un joven conductor de veinte años conducía a gran velocidad adelantando a otros vehículos cuando en el cruce de la avenida de las Naciones con la calle de Lisboa dio un golpe a un coche aparcado y, después de subirse a la acera y tirar varias señales de tráfico, chocó contra una parada de autobús. Una señora que esperaba el autobús resultó gravemente herida.

NOTICIA DE MADRID

1 ¿Qué edad tenía el conductor?
2 ¿Por qué sucedió el accidente?
3 ¿A dónde se subió el coche?
4 ¿Qué tiró después?
5 ¿Cómo acabó el accidente?

Imperativo: verbos regulares

Afirmativo   **Negativo**

Bajar:
Baja la música,   No bajes la música,
por favor. (tú)   por favor. (tú)
Baje la música,   No baje la música,
por favor. (usted)   por favor. (usted)

Beber:
Bebe más agua,   No bebas más agua,
por favor. (tú)   por favor. (tú)
Beba más agua,   No beba más agua,
por favor. (usted)   por favor. (usted)

Abrir:
Abre la puerta,   No abras la puerta,
por favor. (tú)   por favor. (tú)
Abra la ventana,   No abra la ventana,
por favor. (usted)   por favor. (usted)

¡Abre la ventana, por favor!

1 Completa las instrucciones con el imperativo afirmativo o negativo de los verbos en paréntesis.

1 .... por el medio de la calle, ... por los semáforos. (cruzar / tú)

2 .... por el móvil si estás conduciendo. (hablar / tú)

3 Por la noche, ... en bici sin luz. (montar / usted)

4 .... las señales de tráfico. Son necesarias. (respetar / usted)

5 .... siempre el casco para montar en bicicleta o en moto. (usar / usted)

6 .... puesto el cinturón de seguridad también en los asientos de atrás. (llevar / tú)

7 .... por los pasos de cebra solo si los automóviles están parados. (pasar / tú)

8 .... en una curva. (adelantar / usted)

Imperativo: verbos irregulares

	Afirmativo	**Negativo**
hacer	haz (tú)	no hagas (tú)
	haga (usted)	no haga (usted)
decir	di (tú)	no digas (tú)
	diga (usted)	no diga (usted)
poner	pon (tú)	no pongas (tú)
	ponga (usted)	no ponga (usted)
salir	sal (tú)	no salgas (tú)
	salga (usted)	no salga (usted)
cerrar	cierra (tú)	no cierres (tú)
	cierre (usted)	no cierre (usted)
venir	ven (tú)	no vengas (tú)
	venga (usted)	no venga (usted)
ir	ve (tú)	no vayas (tú)
	vaya (usted)	no vaya (usted)

Hay

Forma del verbo **haber** que se utiliza para expresar existencia. Solo se usa esta forma de 3.ª persona del singular.

		unas casas muy nuevas
hay		tiendas
		mucho tráfico
		una parada de autobús
		semáforos
En mi calle...		pasos de cebra
		muchos niños
		parques
		pocas cafeterías
no hay		un centro comercial
		señales de tráfico
		unos coches muy grandes
		accidentes
		un restaurante hindú

2 Completa con el imperativo de los siguientes verbos.

> no poner • decir • no hacer • no ir • salir • no salir
> no decir • no venir • hacer • escribir • ~~cerrar~~ • poner

¡Cierre la ventana, por favor!

Cierre la ventana, por favor. (usted)

1 _____ a la pizarra y _____ tu nombre. (tú)

2 ¡_____ los deberes antes de ver la televisión! (tú)

3 _____ corriendo; hay hielo en la acera. (usted)

4 _____ mentiras. _____ siempre la verdad. (tú)

5 _____ de casa sin el paraguas. Está lloviendo. (usted)

6 _____ la mochila encima de la mesa. (tú)

7 _____ la mesa, vamos a cenar. (tú)

8 _____ tarde, la película empieza a las ocho. (usted)

9 _____ ruido. El niño está durmiendo. (tú)

3 Practica con tu compañero preguntas y respuestas como en el ejemplo.

> estudiantes / tu clase / (25)
>
> • *¿Cuántos estudiantes hay en tu clase?*
> ▪ *Hay 25.*

1 osos pandas / zoo de tu ciudad / (no)

2 cafeterías / tu calle / (1)

3 tiendas / tu ciudad / (muchas)

4 dinero / la caja / (20)

5 ventanas / tu habitación / (1)

Hay / Está / Están

• Con **hay** los nombres no pueden llevar determinantes posesivos ni artículos determinados.

*En mi calle **hay** muchos coches aparcados.*

• Cuando nos referimos a cosas determinadas o usamos pronombres posesivos, se utiliza el verbo **estar**.

● *¿También **está** el coche de Pablo?*

■ *No, el de Pablo no **está**.*

*¿Dónde **está** mi coche?*

4 **Haz frases con una palabra de cada columna.**

¿Está ¿Están ¿Hay	tráfico la moto un puente muchos restaurantes tus amigos el agua semáforos	en el garaje? en tu calle? en tu ciudad? en la plaza? cerca de aquí? en el parque? muy fría?

*¿**Hay** tráfico en tu calle?*

*¿**Está** la moto cerca de aquí?*

*¿**Están** tus amigos en el parque?*

5 **Completa las frases con *hay / está / están*.**

1 .... mucha gente en este restaurante peruano y las mesas .... muy juntas.

2 ● ¿............... alguien en tu casa?
  ■ .... mis hermanos y mis primos.

3 ● ¿............... un teléfono por aquí cerca?
  ■ Ahí .... mi móvil, puedes usarlo.

4 ● ¿Dónde .... una papelería?
  ■ .... una al final de la calle.

5 ● No se dónde .... mi bolígrafo azul, no lo encuentro.
  ■ .... muchos en el cajón.

6 ● ¿Qué .... en tu cartera?
  ■ .... mis libros y mis cuadernos.

7 No .... mucha gente viendo la exposición. .... casi vacía.

8 ● ¿Cuántos chicos y chicas .... en tu clase?
  ■ .... trece chicos y doce chicas.

9 ● ¿Dónde .... los libros que compré ayer?
  ■ .... uno encima de la mesa; el otro .... en la estantería.

10 Esta biblioteca siempre .... llena. Pocas veces, ... sitios libres.

6 **Coloca tres de los siguientes objetos en el dibujo. Tu compañero tiene que averiguar qué objetos hay y dónde están.**

UNOS ZAPATOS   UN ABRIGO

UNOS CUADERNOS   UNAS LLAVES

UN PANTALÓN   UN BOLÍGRAFO

UNA CAMISETA   UNOS PATINES

● *¿Hay libros?*

■ *Sí, hay muchos libros.*

● *¿Están en la estantería?*

■ *Sí.*

1 **Mira el mapa de Madrid y contesta a las preguntas.**

1 ¿Qué museo hay en el Paseo del Prado?

2 ¿Cómo se llaman las plazas donde empieza y termina el Paseo del Prado?

3 Para ir en metro a la Plaza Mayor ¿cuáles son las dos estaciones más cercanas?

4 ¿Qué palacio está enfrente del Teatro Real?

5 ¿Qué plaza hay al final de la calle Bailén?

PEDIR Y DAR INSTRUCCIONES PARA IR A UN LUGAR

-¿Puedes decirme cómo se va a...?
-Sigue todo recto.
-Tuerce a la izquierda / derecha.

2 **Completa el texto con los siguientes marcadores de lugar.**

al lado de • en • enfrente • entre • cerca de

La Plaza Cánovas del Castillo está [1] .... las plazas del Emperador Carlos V y Cibeles. [2] .... la Plaza de Cánovas del Castillo están el Museo del Prado y el Museo Thyssen.

[3] .... la Puerta del Sol están la Plaza Mayor y la Plaza de Oriente. [4] .... esta plaza está el Teatro Real y [5] .... del teatro está el Palacio Real.

3 🔊38 **Lee y escucha.**

Gema: ¿Perdona, es esta la Puerta del Sol?

Un Joven: Sí, sí, es esta.

Gema: ¿Puedes decirme cómo se va a la Plaza de España?

Un Joven: Sí, está aquí cerca. Sigue todo recto por la calle del Arenal y al llegar a la Plaza de Oriente, entre el Teatro Real y el Palacio Real, tuerce a la derecha y sigue todo recto hasta la Plaza de España.

4 **Imagina que estás en la Puerta del Sol. Prepara un diálogo con tu compañero para ir:**

✔ al Museo del Prado
✔ al Palacio Real
✔ a la estación de Atocha

Teatro Real

Puerta del Sol

1 Relaciona las siguientes palabras con la definición correcta.

hotel / albergue • equipaje • viaje organizado • pasaporte • entradas
visita turística • tren / barco / avión… • excursión • guía turístico

1 Las bolsas y maletas que llevas de vacaciones.

2 Tipos de transporte por tierra, mar y aire.

3 Alojamiento en el que pagas por una habitación.

4 Un documento oficial para viajar con tu foto y nacionalidad.

5 Cuando visitas un lugar y el mismo día regresas al sitio de partida.

6 Persona que acompaña e informa a los turistas sobre los hechos más destacados de un lugar.

7 Ver los monumentos o los lugares más interesantes.

8 Los papeles que enseñas para entrar en un museo, concierto, teatro…

9 Unas vacaciones con todo incluido: transporte, hotel, visitas turísticas, etc.

2 Elige la palabra correcta.

1 La **guía / excursión** para ver el lago fue muy interesante.

2 Nunca viajo en **tren / barco** porque me da miedo el agua.

3 No había **visita / entradas** para la ópera. Estaba todo vendido.

4 El **avión / tren** llega a la estación de Atocha a las 15 horas.

5 Cuando era estudiante, me alojaba en un **hotel /albergue**, era mucho más barato.

6 Es un **guía turístico / visita turística** fantástico. Nos cuenta las cosas muy bien.

3 🔊 **39** **Escucha y di sobre qué están hablando en cada diálogo.**

1 equipaje • pasaporte • entradas

2 hotel • visita turística • viaje organizado

3 albergue • excursión • guía turístico

4 **Pregunta y responde a tu compañero.**

1 ¿Tienes pasaporte? ¿Te gusta la foto que lleva?

2 ¿Qué opinas de los viajes organizados?

3 ¿Cómo prefieres viajar: en tren, en avión, en barco? ¿Por qué?

4 ¿Qué equipaje llevas normalmente de vacaciones?

5 ¿A tu familia y a ti os gusta contratar un guía turístico cuando vais de vacaciones? ¿Por qué?

📋 LEER

1 **Lee el cuestionario y contesta a las preguntas.**

¿QUÉ SABES DE **BUENOS AIRES**?

> Es la segunda ciudad más grande de Sudamérica y uno de los mayores centros urbanos del mundo.

1 Buenos Aires es la capital de:
  a Brasil
  b Argentina
  c Colombia

> Buenos Aires es el centro cultural más importante del país. Tiene muchos museos, bibliotecas y teatros.

2 El baile más popular en la ciudad de Buenos Aires es:
  a la samba
  b la rumba
  c el tango

> La ciudad se construyó alrededor de su Plaza Mayor. En ella están la Catedral, el Banco de la Nación y la sede del Gobierno.

3 La sede del Gobierno se llama:
  a la Casa Rosada
  b la Casa Blanca
  c la Casa Azul

> El deporte más popular en todo el país es el fútbol y los equipos más importantes de su campeonato están en Buenos Aires.

4 El jugador de fútbol más famoso del país es:
  a Pelé
  b Maradona
  c Ronaldo

🔊 ESCUCHAR

2 🔊 **Escucha y comprueba tus respuestas.**

💬 HABLAR

3 **Imagina que eres un turista que acaba de llegar a tu ciudad. Prepara unas preguntas para tu compañero sobre:**

· los lugares turísticos más interesantes;

· los deportes y equipos de la ciudad;

· sus personajes más populares...

ESCRIBIR

4 Lee el correo y contesta a las preguntas.

¡Hola, Paula!

Te escribo desde Valencia. Llegamos hace dos días en tren. Es una ciudad muy bonita, con muchos monumentos y museos. Está junto al mar Mediterráneo. Mi familia y yo estamos sentados en la terraza de una cafetería y vamos a visitar la Ciudad de las Artes y las Ciencias. Ayer hicimos muchas visitas turísticas: estuvimos en el casco antiguo y en la catedral, y para esta tarde tenemos entradas para ver un partido de fútbol del Valencia contra el Real Madrid. Por la noche vamos a dar un paseo por el puerto antes de volver a nuestro hotel, que está en una playa preciosa y con unas vistas fantásticas. Hay muchos bares y restaurantes cerca del hotel.

Por las mañanas nos bañamos en la playa y estoy haciendo un curso de vela con amigos nuevos de distintas nacionalidades. Me lo estoy pasando muy bien.

Ayer por la tarde me fui de compras con mi madre. Me compré una camiseta y… ¡un regalo para ti!

¿Qué tal van tus vacaciones?

Un beso,

Roberto

1 ¿Dónde está Roberto cuando escribe el correo?

2 ¿Qué atracciones turísticas hay en Valencia?

3 ¿Con quién hace Roberto el curso de vela?

4 ¿Dónde está el hotel de Roberto?

5 ¿Qué va a hacer esta tarde Roberto?

6 ¿Qué compró Roberto ayer?

5 Completa las frases y coméntalas con tu compañero.

1 Valencia tiene un puerto con muchos barcos. Además…

2 Nuestro hotel tiene unas vistas increíbles. También…

3 Estuve de compras y…

6 Une las frases utilizando *además / también / y.*

1 Tiene muchos restaurantes.

2 Por las mañanas nos bañamos en la playa.

3 Visitamos la Ciudad de las Artes y las Ciencias.

4 Compré una camiseta.

a Fuimos a ver un partido de fútbol.

b Hay muchos bares.

c Un regalo para ti.

d Estoy haciendo un curso de vela.

7 Imagina que estás de vacaciones. Escríbele un correo electrónico a tu amigo. No te olvides de contarle las siguientes cosas:

• ¿Dónde estás de vacaciones?

• ¿Con quién estás?

• ¿Qué haces normalmente por la mañana?

• ¿Y por la tarde?

• ¿Qué lugares interesantes hay para visitar?

1 **Adivina la respuesta.**

1 La Ciudad de México tiene ... habitantes.

a 900 000　　b 9 000 000　　c 19 000 000

2 En el centro de la ciudad hay ... edificios históricos.

a 14　　　　b 140　　　　c 1400

2 **🔊41 Lee y escucha el texto. Comprueba tus respuestas.**

¡Bienvenidos a Ciudad de México!

Ciudad de México es la capital de los Estados Unidos Mexicanos. Es la ciudad más poblada del país y una de las concentraciones urbanas mayores del mundo con nueve millones de habitantes.

El centro histórico de la Ciudad de México tiene grandes construcciones de gran valor histórico y artístico. Hay más de 1400 edificios importantes repartidos en 9 km² de superficie. Por su gran valor histórico, el centro de la ciudad fue declarado Patrimonio Cultural de la Humanidad por la UNESCO.

Ciudad de México es famosa porque en 1968 se celebraron los Juegos Olímpicos y los Campeonatos Mundiales de Fútbol de 1970 y 1986. Los equipos de fútbol más conocidos son: Club América, Club Azul y Pumas.

Se celebran numerosas fiestas populares: el Día de la Independencia, el Día de los Muertos, las peregrinaciones a la Basílica de Guadalupe... Estas fiestas reúnen a miles de personas de todo el país y del extranjero.

Ciudad de México y el volcán Popocatépetl

Peregrinación a la Basílica de Guadalupe

Celebración del Día de los Muertos (1 de noviembre)

3 **Lee el texto otra vez y contesta a las preguntas.**

1 ¿Cuál es la capital de México?

2 ¿Dónde podemos encontrar los edificios históricos más importantes?

3 ¿Qué acontecimientos deportivos más importantes tuvieron lugar en esta ciudad?

4 ¿Qué equipos de fútbol juegan en esta ciudad?

5 ¿Cuáles son las fiestas más turísticas en Ciudad de México?

4 **Háblanos de tu ciudad.**

1 ¿Cuántos habitantes tiene?

2 ¿Hay turistas en tu ciudad?

3 ¿Qué sitios de tu ciudad te gustan más?

4 ¿Hay equipos de deportes importantes en tu ciudad?

5 ¿Qué fiestas son típicas de tu ciudad?

6 ¿Qué superficie tiene tu ciudad?

Reflexión y evaluación

1 **Busca en la sopa de letras estos diez medios de transporte.**

```
K  S  C  A  M  I  Ó  N  I  F
I  E  R  O  U  V  E  A  S  U
A  U  T  O  B  Ú  S  L  O  R
V  O  I  P  N  E  I  R  W  G
I  T  L  E  A  D  T  I  E  O
Ó  A  R  H  P  E  S  F  H  N
N  T  O  C  M  G  B  J  O  E
K  U  R  O  C  T  A  X  I  T
D  B  I  C  I  C  L  E  T  A
```

2 **Completa las frases con el imperativo afirmativo o negativo de los verbos entre paréntesis.**

1 .... tarde, por favor. (venir / tú)

2 .... el casco, si vas en moto. (usar / tú)

3 .... por la acera derecha. (ir / usted)

4 .... tu nombre antes de empezar el examen. (escribir / tú)

5 .... a la calle antes de hacer los deberes. (salir / tú)

6 .... a tu hermano que hemos estado en casa de Manuel. (decir / tú)

7 .... el abrigo en la percha. (poner / usted)

8 .... la puerta con llave cuando te vayas. (cerrar / tú)

3 **Escribe tres frases afirmativas y tres negativas sobre lo que hay o no hay en tu ciudad. Puedes usar las siguientes palabras: *tráfico, restaurantes, plazas, niños, puentes, motos, tiendas, parques.***

4 **Completa las frases con *hay / está / están.***

1 .... mucha gente en la ciudad y los restaurantes .... llenos.

2 ¿............................ alguien que sepa español?

3 ¿Dónde .... una farmacia?

4 • No sé dónde .... mi bolso.

   ■ .... uno rojo encima de la silla.

5 Mis amigos .... en Mallorca. Allí .... muchos hoteles.

6 • ¿Qué .... en ese cajón?

   ■ .... mi diario.

7 • ¿............................ una oficina de correos por aquí cerca?

   ■ No, pero ahí .... un buzón.

5 **Contesta a las preguntas.**

1 ¿Qué es un viaje organizado?

2 ¿En qué consiste el trabajo de un guía turístico?

3 ¿Quién se aloja en un albergue? ¿Por qué?

4 ¿Para qué sirve un pasaporte?

Autoevaluación

MIS RESULTADOS EN ESTA UNIDAD SON:

✌ Muy buenos

👍 Buenos

👎 No muy buenos

¿Qué te pasa?

6

VOCABULARIO	▶ *Estar* + adjetivos de ánimo ▶ *Tener + sed / hambre...* ▶ *Me duele(n) + la cabeza / los pies...*
GRAMÁTICA	▶ Pretérito perfecto ▶ Verbos reflexivos
COMUNICACIÓN	▶ Hablar de la adolescencia y la salud
COMUNICACIÓN Y VOCABULARIO	▶ ¡Cuídate!
DESTREZAS	▶ ¿Por qué el 16 % de los jóvenes españoles son obesos? ▶ Encuesta sobre hábitos
CULTURA	▶ El Camino de Santiago

1 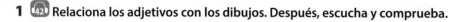 **Relaciona los adjetivos con los dibujos. Después, escucha y comprueba.**

cansado • enfermo • enamorado • preocupado
de buen humor • de mal humor • nervioso • tranquilo

2 **Relaciona el principio con el final de cada frase.**

1 Estoy cansado...

2 Cuando estoy enfermo, ...

3 Soy feliz...

4 Estoy nervioso...

5 Está de mal humor...

6 Cuando hace buen tiempo, ...

7 No está nervioso, ...

8 Está preocupado...

a ... está tranquilo.

b ... porque estoy enamorado.

c ... porque no puede salir con sus amigos.

d ... porque trabajo mucho.

e ... porque su abuelo está enfermo.

f ... estamos de buen humor.

g ... porque mañana tengo un examen.

h ... no voy al colegio.

VERBO DOLER

-*Me duele* la cabeza.

-*Me duelen* los pies.

-A Ángel *le duele* la garganta.

3 **¿Qué les pasa a Ángel y a Sara?**

Ángel tiene la gripe:

1 **doler la garganta**

2 **tener frío**

3 **tener fiebre**

4 **doler la cabeza**

5 **tener tos**

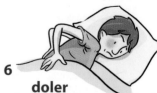

6 **doler la espalda**

4 Completa las frases siguientes con la forma correcta de *doler* y *tener*.

1 Yo en invierno siempre _____ frío.

2 Cuando bebo agua muy fría, _____ la garganta.

3 Caminamos más de veinte kilómetros y ahora _____ los pies.

4 Mi padre cenó mucho anoche y hoy _____ el estómago.

5 Cuando vemos muchas horas de televisión, _____ la cabeza.

6 La comida estaba muy salada, ¿tú no _____ sed?

5 Lee la información del cartel de la media maratón infantil y contesta a las preguntas.

1 ¿En qué país se celebra la carrera?

2 ¿Qué distancia hay que recorrer?

3 ¿Cuánto dinero cuesta participar a los menores de catorce años?

4 ¿A qué hora empieza la carrera?

MEDIA MARATÓN INFANTIL
CIUDAD DE PAIPA

Los 21 kilómetros más impresionantes de Colombia

- Inscripción gratuita para las categorías infantiles
- ¡Inscríbete ya!
- Todos los participantes tienen premio

Fecha: Domingo, 6 de mayo   **Hora de salida:** 10 h
Inscripción: 571246587

Carrera infantil A (de 2 a 7 años)
Carrera infantil B (de 8 a 14 años)

Sara ha corrido una maratón:

1 tener sed

2 tener hambre

3 tener calor

4 doler el estómago

5 estar muy cansada

6 doler los pies

6 🔊43 **Escucha al entrenador de atletismo Luis Martínez y completa la información.**

1 Para no lesionarte, no corras _____.

2 Hay que hacer ejercicios de estiramiento _____.

3 Los primeros días no entrenes _____.

4 Cuando no utilizas unas buenas zapatillas de deporte, _____.

5 Debes descansar un par de días cuando _____.

6 Cada _____ días de entrenamiento, descansa _____.

7 Tienes que llevar una dieta _____.

8 La noche antes de la carrera duerme _____.

9 Para no tener dolor de estómago, no _____.

10 Para no tener hambre, come _____.

Pretérito perfecto

Presente de *haber* + participio pasado

yo	he
tú	has
él / ella / Ud.	ha + estudiado
nosotros/-as	hemos
vosotros/-as	habéis
ellos / ellas / Uds.	han

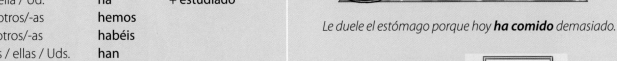

*Le duele el estómago porque hoy **ha comido** demasiado.*

Formación del participio

Participios regulares

andar – **andado**   comer – **comido**   dormir – **dormido**

Participios irregulares

romper – **roto**   poner – **puesto**   volver – **vuelto**
abrir – **abierto**   ver – **visto**   hacer – **hecho**
escribir – **escrito** decir – **dicho**

*Mayte está preocupada porque sus hijas no **han vuelto** del colegio.*

1 **Ordena las preguntas y contéstalas.**

¿ / levantado / qué / has / hora / a / te / ?

● *¿A qué hora te has levantado?*
■ *Hoy me he levantado a las...*

1 ¿ / mañana / has / desayunado / qué / esta / ?

2 ¿ / casa / has / de / hora / a / salido / qué / ?

3 ¿ / clase / hoy / cómo / a / venido / has / ?

4 ¿ / vuelto / a / hora / casa / has / qué / a / ?

5 ¿ / comido / con / has / quién / hoy / ?

6 ¿ / dormido / noche / has / dónde / esta / ?

2 **Completa el texto con la forma correcta del pretérito perfecto.**

CAROLINA MARÍN
Campeona del mundo de bádminton

Carolina Marín, es una de las deportistas españolas más importantes a nivel internacional. (1) .... (competir) con las mejores jugadoras del mundo y (2) .... (ganar) dos veces, y de forma consecutiva, el campeonato mundial de bádminton.

También (3) .... (conseguir) varios campeonatos de España y de Europa durante su etapa juvenil.

Llegar a ser campeona del mundo no (4) .... (ser) fácil, pero lo (5) .... (lograr) gracias a su esfuerzo y también porque su familia y amigos la (6) .... (ayudar) mucho.

Además, la jugadora andaluza (7) .... (hacer) historia al ser la única jugadora no asiática que (8) .... (obtener) dos oros mundiales.

Verbos reflexivos

Pretérito perfecto del verbo *caerse*

yo	me he
tú	te has
él / ella / Ud.	se ha
nosotros/-as	nos hemos + caído
vosotros/-as	os habéis
ellos / ellas / Uds.	se han

¿Te encuentras bien?

No, **me he caído** y **me he roto** la pierna.

¿Qué le ha pasado?

Se ha cortado con un cuchillo.

---

3 **Mira las fotos y di qué les ha pasado. Utiliza los siguientes verbos.**

enfadarse · despertarse · ducharse · casarse · dormirse · caerse

1

2

3

4

5

6

4 Ordena las frases.

1 esta / duchado / yo / he / mañana / me

2 ha / pelo / hermana / se / cortado / mi / el

3 mañana / me / buen / levantado / por / humor / he / la / de

4 domingo / casado / el / mi / se / primo / ha

5 gato / caído / el / se / árbol / ha / del

5 Completa el texto con el pretérito perfecto de los verbos entre paréntesis.

¡Hola, Alba!

Hoy hemos celebrado la fiesta de Carnaval en el instituto. Mis compañeros y yo [1] _____ (disfrazarse) con trajes muy diferentes. Mi amiga Andrea [2] _____ (ponerse) un disfraz de india. Víctor [3] _____ (vestirse) de pirata. Yo [4] _____ (hacerse) un disfraz de payaso. Cada uno [5] _____ (fabricarse) su propio disfraz en clase de Plástica. Nos lo hemos pasado muy bien. ¿Y tú? ¿[6] _____ (divertirse) en Carnaval?

6 Fíjate en las cosas que ha hecho hoy Agustín y escribe un texto breve.

1 🔊 **Lee y escucha el texto. Después, contesta a las preguntas.**

ADOLESCENCIA Y SALUD

La Dra. Pérez aconseja a los adolescentes sobre cómo solucionar algunos de sus problemas de salud más comunes.

Ansiedad. ¿Te despiertas nervioso por las noches? ¿Te duele el estómago antes de un examen? El ejercicio es la mejor manera de acabar con el estrés. Deberías practicar algún deporte o, simplemente, caminar con frecuencia.

Nuevas tecnologías. Pasar mucho tiempo con el ordenador o leyendo o escribiendo en tu teléfono móvil o jugando con la videoconsola te puede provocar dolor de cabeza y causar problemas de visión. Descansa la vista cuando tengas los primeros síntomas de cansancio.

Alimentación. Come mucha fruta y verduras para evitar los resfriados y catarros en invierno. No deberías comer demasiados dulces, pueden causar importantes daños a tus dientes y causar obesidad. ¿Has probado los caramelos y chicles sin azúcar? Casi no se nota la diferencia.

Música. ¿Escuchas música con el volumen muy alto? Ten cuidado, esto puede producirte dolor de oídos y posibles problemas de audición en el futuro.

Vacaciones. Tomar el sol durante mucho tiempo es muy peligroso para la piel. En cualquier caso, siempre hay que hacerlo con protección solar. Evita las picaduras de insectos usando camisetas de manga larga y pantalones largos al anochecer. Si te pica un mosquito, utiliza un poco de hielo.

Espalda. No deberías llevar demasiado peso en tu mochila y tendrías que mantener una postura correcta; así, puedes evitar los problemas de espalda.

1 ¿Para qué es aconsejable andar a menudo?

2 ¿Qué se debe hacer cuándo te duele la cabeza jugando con videojuegos?

3 ¿Cómo podemos tener menos catarros?

4 ¿Cómo podemos ayudar a cuidar nuestra audición?

5 ¿Qué tenemos que hacer antes de tomar el sol?

6 ¿Cómo podemos evitar dolores de espalda?

2 🔊 **Lee y escucha y di si las frases son verdaderas o falsas.**

Sara: ¿Qué te pasa Ester?

Ester: No me siento bien. Me duele el estómago y estoy un poco mareada.

Sara: ¿Has desayunado esta mañana?

Ester: Muy poco. Solo he tomado un vaso de leche.

Sara: Deberías comer algo. ¿Por qué no vas a la cafetería y te comes un bocadillo?

Ester: Sí, creo que tienes razón.

1 Ester tiene la gripe.

2 Ester ha desayunado demasiado.

3 Sara piensa que Ester debe tomar algo.

HABLAR DE LA SALUD

- ¿Qué te pasa?
- No me siento bien.
- Deberías comer algo.
- Creo que tienes razón.

3 **Prepara un diálogo con tu compañero siguiendo el modelo anterior. Utiliza estos grupos de palabras.**

- estrés / ejercicio
- dolor de muelas / dentista
- quemadura de la piel / protección solar
- dolor de oídos / volumen más bajo
- dolor de espalda / menos peso en la mochila

1 🔊 Lee esta página web. Escucha y repite las palabras en negrita.

¡¡¡CUÍDATE!!!

Si tienes entre trece y dieciocho años, lee nuestra guía para estar en forma, tanto mental como físicamente.

- La mejor manera de cuidar tu **salud** y evitar la **obesidad** es **hacer ejercicio** regularmente. Intenta practicar algún deporte, al menos una hora al día. Elige deportes que favorezcan tu **vida social** y tu salud. Hacer ejercicio te ayuda a superar el **estrés** cuando tienes exámenes.

- También es muy importante seguir una **dieta** sana. Intenta comer fruta y verduras todos los días. Si eres **vegetariano**, asegúrate de que comes suficientes proteínas.

- No podemos olvidar nuestra salud mental. Si tienes problemas en el colegio, tienes que decírselo a tu tutor; te podrá ayudar si sufres **acoso** o **depresión**.

- Cada **relación**, familiar o con amigos, tiene buenos y malos momentos. Es normal tener **discusiones** con ellos.

- No te preocupes por tu **imagen**, tu cuerpo cambia mucho durante la adolescencia.

2 Relaciona estas definiciones con alguna de las palabras destacadas en negrita del texto anterior.

1 Cansancio mental provocado por la exigencia de algo importante.

2 Exceso de peso, gordura.

3 Tipo de comida habitual.

4 Tu apariencia física.

5 Desacuerdos con alguien.

6 Alguien que no come carne.

3 Lee estas preguntas y piensa en las posibles respuestas utilizando, entre otras, las siguientes ideas.

> comer más fruta • practicar un deporte • escuchar música
> hablar con tus amigos / padres / profesores • pasear

1 ¿Llevas una dieta sana?

2 ¿Haces al menos una hora diaria de ejercicio?

3 ¿Estás contento con tu vida social?

4 ¿Estás contento con tu vida en el instituto?

4 En parejas, pregunta y responde a las preguntas del ejercicio anterior. Da consejos.

- *¿Llevas una dieta sana?*
- *No mucho, la verdad.*
- *¿Por qué no comes más fruta?*
- *Sí, es verdad, tienes razón.*

LEER

1 Lee y escucha el texto.

¿Por qué el 16 % de los jóvenes españoles son obesos?

La genética, la sobrealimentación y la falta de ejercicio son las tres causas de la obesidad, según un estudio de la Unión Europea sobre los hábitos de los jóvenes.

El estudio dice que el transporte escolar de adolescentes menores de dieciséis años se ha duplicado en los últimos veinte años: más del 30 % de los adolescentes ya no van andando al colegio.

La falta de actividad física en la vida diaria de los jóvenes es probablemente la causa principal del aumento del sobrepeso. En España solo el 9 % de las chicas de quince años hace ejercicio cuatro veces por semana. Además, la actividad deportiva se reduce con la edad, especialmente en las mujeres.

A esto se une el uso incorrecto de la tecnología. Los fines de semana, los adolescentes y niños europeos pasan la mayor parte de su tiempo enfrente de la televisión. Los niños ven más televisión que las niñas y dedican un mayor número de horas a los videojuegos.

El estudio dice también que con el aumento de la obesidad crecen otras enfermedades como la bulimia y la anorexia.

2 **Busca en el diccionario el significado de las siguientes palabras.**

1 obesidad

2 sobrealimentación

3 duplicarse

4 aumento

5 reducirse

6 enfermedades

3 **Lee el texto de nuevo y contesta a las preguntas.**

1 ¿A qué se debe la obesidad de los jóvenes según el estudio?

2 ¿Qué consecuencia tiene el aumento del transporte escolar?

3 Según aumenta la edad, ¿quién hace menos deporte: los hombres o las mujeres?

4 ¿Qué actividad realizan fundamentalmente los adolescentes europeos los fines de semana?

5 ¿Quién pasa más tiempo jugando al ordenador: los chicos o las chicas?

6 ¿Qué enfermedades están relacionadas con los problemas de alimentación?

ESCUCHAR

4 **Escucha la entrevista a Laura y completa las frases.**

1 Normalmente Laura va al instituto...

2 Laura juega en un equipo de ... en su barrio.

3 Laura practica deporte ... días a la semana.

4 Los sábados por la tarde Laura...

5 Laura ve ... o ... horas de televisión diarias.

HABLAR

5 **Prepara una entrevista con tu compañero, similar a la del ejercicio anterior.**

✎ **ESCRIBIR**

6 Lee los resultados que ha presentado Arturo de la encuesta sobre los hábitos de sus compañeros de clase.

Encuesta sobre HÁBITOS

En esta encuesta he preguntado a veinte personas de mi clase sobre sus hábitos y los resultados han sido los siguientes:

1 Cómo van al instituto
- 50 % andando
- 15 % en autobús
- 20 % en el coche de sus padres
- 15 % en tren

Esta semana la mitad de mis compañeros ha venido andando al instituto. Y la otra mitad ha utilizado distintos medios de transporte.

2 Qué deportes practican
- 60 % fútbol
- 25 % baloncesto y natación
- 10 % tenis
- 5 % no hace deporte

La mayoría de los alumnos de mi clase juega al fútbol. Menos de la mitad juega al baloncesto y practica natación y solo unos cuantos juegan al tenis. Nadie practica atletismo.

3 Tiempo de televisión y videojuegos
- 60 % entre cuatro y cinco horas
- 20 % menos de cuatro horas
- 30 % más de cinco horas

Durante el fin de semana, el 30 % de mis compañeros ha pasado más de cinco horas delante de la pantalla.

7 Relaciona cada expresión con su significado.

1 la mayoría / más de la mitad
2 la mitad
3 menos de la mitad
4 unos cuantos
5 nadie

a el 50 %
b dos o tres
c más del 50 %
d ninguna persona
e menos del 50 %

8 Prepara las preguntas para realizar una encuesta a tus compañeros de clase sobre sus hábitos. Elabora preguntas sobre:

- CÓMO VIENEN AL INSTITUTO
- QUÉ DEPORTE PRACTICAN
- CUÁNTAS HORAS DEDICAN AL DEPORTE
- QUÉ ACTIVIDADES REALIZAN LOS FINES DE SEMANA
- CUÁNTAS HORAS VEN LA TELEVISIÓN
- CUÁNTAS HORAS JUEGAN AL ORDENADOR...

9 Escribe el resultado de la encuesta en un informe y preséntalo al resto de la clase.

1 ¿Sabes qué es una peregrinación? Busca en el diccionario estas palabras: *apóstol, peregrino, albergue.*

2 🔊 Lee y escucha el texto y contesta a las preguntas.

El Camino de Santiago

Santiago de Compostela

El Camino de Santiago es el recorrido que hacen los peregrinos cristianos que se dirigen a Santiago de Compostela para visitar la tumba del apóstol Santiago. Esta peregrinación comenzó en el siglo IX, pero ha sido a partir de la segunda mitad del siglo XX cuando se ha hecho más popular.

El Camino es una ruta por pueblos, ciudades, campos, bosques..., preparada para hacerla a pie, en bicicleta o a caballo. No está preparada para vehículos a motor.

Puedes alojarte donde quieras: hoteles, albergues, en una tienda de campaña o bajo las estrellas. Los albergues de peregrinos son muy variados, desde un polideportivo hasta una moderna casa rural. A veces puedes dormir gratis y otras veces tienes que pagar. En los albergues tienes que seguir las siguientes normas:

- no se puede hacer ruido por la noche;
- al irse del albergue hay que dejarlo todo limpio y ordenado;
- los peregrinos de a pie tienen preferencia sobre los ciclistas;
- no se puede dormir más de una noche salvo por enfermedad;
- los grupos de más de nueve personas tienen que dormir en tiendas de campaña.

Durante el año 2015 más de 250 000 peregrinos hicieron el Camino de Santiago.

---

1 ¿Dónde termina el Camino de Santiago?

2 ¿Desde hace cuántos siglos se realiza esta peregrinación?

3 ¿Cómo se hace el Camino de Santiago? ¿Lo puedes hacer en coche?

4 ¿Dónde puedes dormir durante el recorrido?

5 ¿Para quién están reservadas las plazas de los albergues en primer lugar?

6 Cuando viajan juntas más de diez personas, ¿dónde tienen que dormir?

7 ¿Cuántas personas recorrieron el Camino de Santiago en el año 2015?

1 **Usa un adjetivo para decir cómo te sientes en cada situación.**

1 Tu equipo de fútbol gana la liga. _____

2 No dormiste bien anoche. _____

3 Estás solo en casa y oyes ruidos extraños. _____

4 Cada vez que pasa cerca de ti la chica que te gusta te pones rojo. Tú estás _____

5 Te duele la cabeza y tienes 40 °C de fiebre. Tu estás _____

6 Tienes un examen importante y no has estudiado porque no tenías el libro. _____

2 **Relaciona las siguientes palabras con los dibujos.**

dolor de cabeza • tos • dolor de estómago • fiebre
dolor de garganta • tener calor

3 **Completa las frases con el pretérito perfecto de los verbos entre paréntesis.**

1 Yo _____ (ganar) la carrera.

2 Mi primo _____ (romper) un cristal.

3 Ellos _____ (hacer) el Camino de Santiago este verano.

4 Sofía nunca _____ (ir) a París.

5 ¿_____ (escribir / tú) ya la carta para el concurso?

6 Este domingo _____ (comer / nosotros) paella.

7 ¿_____ (leer / vosotros) el último libro de *Harry Potter*?

8 ¿Cuándo _____ (volver / tú) de vacaciones?

4 **Completa el texto con el pretérito perfecto de los siguientes verbos.**

dormirse • ponerse • montarse • ir • comer
desayunar • levantarse • coger • llegar • mandar

Javier Ruiz [1] _____ a las 7:30 de la mañana, [2] _____ un zumo de naranja, dos tostadas y un café con leche. Él [3] _____ el traje de rayas gris y [4] _____ el casco. Luego [5] _____ en su nueva moto y [6] _____ a la oficina a las 8:30. Desde allí [7] _____ un mensaje a su novia y ellos [8] _____ en un restaurante italiano. Después de comer, [9] _____ al cine. Javier [10] _____ durante la película.

5 **Relaciona las siguientes palabras con sus definiciones.**

despertar • aconsejar • provocar
utilizar • evitar • caminar

1 Decirle a una persona lo que debe o no debe hacer.

2 Interrumpir el sueño de alguien que duerme.

3 Ir andando de un lugar a otro.

4 Producir, causar.

5 Impedir que suceda.

6 Usar alguna cosa.

Autoevaluación

MIS RESULTADOS EN ESTA UNIDAD SON:

✌ Muy buenos

👍 Buenos

👎 No muy buenos

ⓘ Ahora puedes hacer el Proyecto 2 (páginas 122-123)

¿A quién se parece?

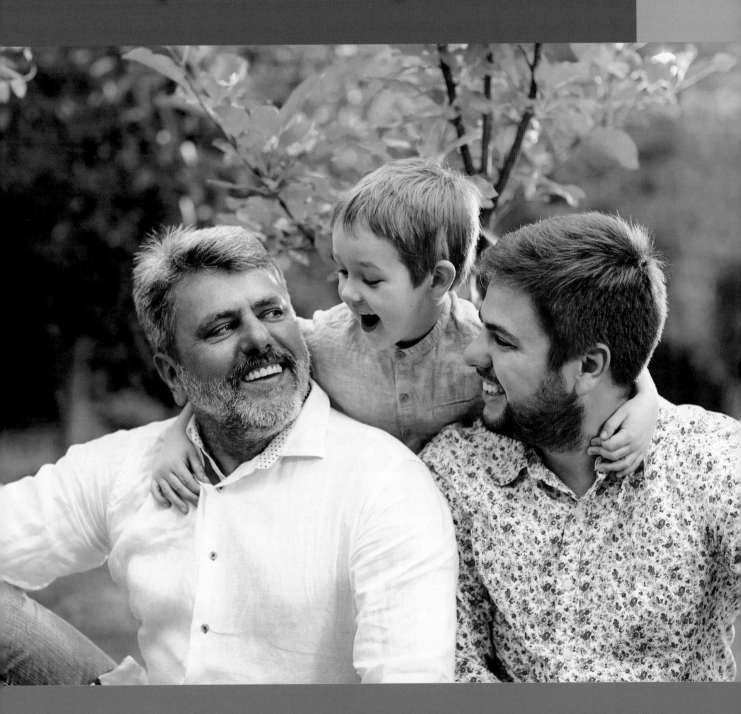

1 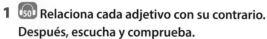 Relaciona cada adjetivo con su contrario. Después, escucha y comprueba.

1 simpático/-a
2 educado/-a
3 tranquilo/-a
4 optimista
5 perezoso/-a
6 triste
7 aburrido/-a
8 tímido/-a

a nervioso/-a
b alegre
c antipático/-a
d divertido/-a
e sociable
f pesimista
g activo/-a
h maleducado/-a

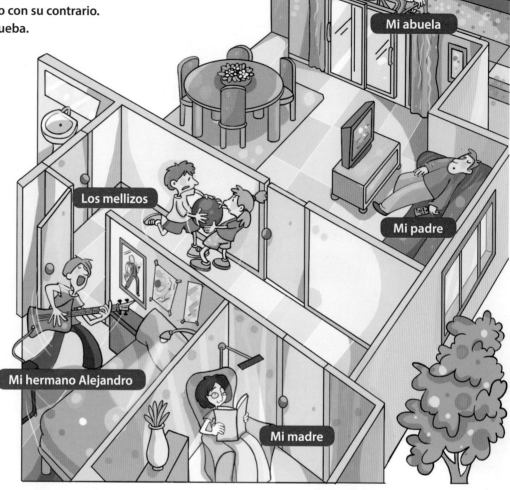

Mi abuela

Los mellizos

Mi padre

Mi hermano Alejandro

Mi madre

2 Mira el dibujo de la familia de Alberto. ¿Qué adjetivos describen a cada uno de estos personajes?

3 Escucha a Alberto describiendo a los miembros de su familia y completa la información.

1 Mi madre es una mujer muy .... y nunca se pone .... cuando mis hermanos se pelean.

2 Mi hermano y sus amigos son muy .... y .... También son muy ...., creen que van a ser famosos.

3 Los mellizos son .... y .... Sara es .... y Borja es ....

4 Mi padre es el más .... de la familia porque es un .... y lo que más le gusta es ver la tele.

5 Mi abuela es la persona más .... que he visto en mi vida. Es muy .... y dice que va a vivir más de cien años porque hace mucho deporte.

4 ¿Con qué adjetivo podemos describir a cada una de estas personas?

1 Nunca quiere levantarse por las mañanas. Solo quiere dormir. Es muy ....

2 Cree que va a conseguir siempre lo que quiere. Es muy

....

3 Nunca saluda. Es muy ....

4 No le gusta salir con los amigos. No le gusta hacer deporte. Siempre está en casa sin hacer nada. Es muy

....

5 Hace deporte. Va de compras. Sale con sus amigas. Siempre tiene algo que hacer. Es muy.................

6 No se pone nervioso cuando tenemos un examen. Es el chico más .... que conozco.

7 Tiene muchos amigos. Todos se ríen mucho con él porque es muy.................

8 No duermo bien cuando tengo exámenes. Soy muy

....

5 Mira las fotografías de Javier Bardem y Penélope Cruz. ¿Cómo crees que es su carácter?

6 Pon los textos en el orden correcto. Después, escucha y comprueba. Por último, contesta a las preguntas.

JAVIER BARDEM

a Es el actor español más conocido internacionalmente. En el 2008... *1*

b ... una persona tranquila, simpática y generosa, que intenta mantener su vida privada fuera de las revistas del corazón. Físicamente es...

c ... hermanos son actores, su madre es actriz y su tío era director de cine. Es...

d ... alto y fuerte porque siempre ha practicado mucho deporte. Formó parte de la selección española de rugby.

e ... consiguió el Óscar al mejor actor de reparto por su película *No es país para viejos*. Este gran actor ha crecido en una familia de artistas españoles: «Los Bardem». Sus...

PENÉLOPE CRUZ

a Esta gran actriz española ha trabajado con algunos de los mejores directores de cine y la revista estadounidense *Time* la eligió «euroestrella» del año por su carácter optimista, simpático y generoso. Es, además,...

b ... de pelo largo, ojos marrones y boca sonriente, su personaje más admirado es la Madre Teresa de Calcuta.

c ... su interés por hacer obras de caridad, especialmente en la India, y el amor a los animales domésticos. Para esta actriz...

d ... políglota, viajera y ciudadana del mundo. Otras características de Penélope Cruz, como de otros muchos jóvenes europeos, son...

7 Observa la diferencia. Después traduce las frases a tu idioma.

1 Iván es aburrido, nunca quiere jugar a nada.

2 Sergio está aburrido porque hoy no han venido sus amigos.

8 Escoge la forma correcta.

1 **Es / Está** un niño muy tranquilo. Le gusta mucho leer y hacer puzles.

2 Hoy hay examen de Matemáticas, pero **soy / estoy** muy tranquilo porque me lo he preparado muy bien.

3 Mi amiga Alba **está / es** una chica muy alegre. Siempre se está riendo.

4 Hoy **estamos / somos** muy contentos porque nos vamos de excursión.

5 ¿**Estás / Eres** una persona divertida o **estás / eres** siempre de mal humor?

1 ¿Cómo es el carácter de Javier Bardem?

2 ¿Y cómo es físicamente?

3 ¿Qué otros miembros de su familia se han dedicado al mundo del cine?

4 ¿Cómo es el carácter de Penélope Cruz?

5 ¿Y cómo es físicamente?

6 ¿Qué comparte con otros jóvenes europeos?

Pronombres de objeto indirecto

Pronombres sujeto	Pronombres objeto indirecto
yo	me
tú	te
él / ella / Ud.	le / se
nosotros/-as	nos
vosotros/-as	os
ellos / ellas / Uds.	les / se

- *¿Le has dado <u>el libro</u> <u>a Juan</u>?*
            OD   OI
- *Sí, **le** he dado <u>el libro</u> <u>a Juan</u>.*
   OI   OD   OI

FÍJATE: en español, en ocasiones, puede duplicarse el objeto indirecto para reforzar la información que se quiere dar:

__Le__ he dado el libro __a Juan__. / __Le__ he dado el libro.
 OI   OI   OI

> ¿Qué **te** han regalado por tu cumpleaños?

> **Me** han regalado un móvil.

> ¿**Nos** presentas luego a tu hermano?

> Sí, esta tarde **os** llamo y quedamos con él.

---

1 Usa un pronombre de objeto indirecto como en el ejemplo.

> Voy a comprar un ordenador. (a Juan)
> *Le voy a comprar un ordenador.*

1 Mis padres dan la paga los domingos. (a mí)
2 Ángel hace la cena. (a nosotros)
3 Juan hace un regalo. (a ella)
4 Quiero presentar a mis padres. (a vosotros)
5 ¿Tu compañera ha prestado el bolígrafo? (a ti)
6 El profesor enseña matemáticas. (a ellos)
7 Susi hace la comida. (a él)
8 Mis padres han comprado un móvil nuevo. (a mi hermana)
9 ¿Han dado las notas? (a vosotros)
10 Ángel enseña español. (a mí)
11 Alberto da un beso. (a su novia)
12 Compro un regalo. (a mis padres)
13 Carlos, ¿has preparado la merienda? (a tu hermano)

2 Completa las frases con los pronombres correspondientes.

> No *les* digas a tus amigos el secreto.

1 ¿_____ han dado las notas a vosotros?
2 A mi hermana _____ van a comprar una bicicleta.
3 María _____ ha explicado el ejercicio, era muy difícil. (a mí)
4 Como me gusta mucho el motociclismo, mi tío _____ ha regalado una revista de motos.
5 ¿La profesora _____ ha dado el diccionario de español? (a ti)
6 Ayer llamé por teléfono a mis padres. _____ dijeron que estaban bien.
7 A mis abuelos _____ he comprado unos libros y a mi hermano _____ he regalado una bicicleta.
8 ¿_____ has contado todo? (a Juan)
9 ¿_____ han dado el primer premio a ellos?
10 _____ he comprado una bici nueva. Ya _____ la he enseñado a mis amigos.

Objeto indirecto + Objeto directo

Cuando hay pronombres de objeto indirecto y objeto directo, el pronombre de objeto indirecto va siempre antes que el de objeto directo.

Me lo *ha dicho.*
OI OD

¿Nos lo *dejas?*
OI OD

ATENCIÓN:
le / les + lo / la / los / las → se lo / la / los / las

• *¿Le has dado <u>la llave</u> <u>a Antonio</u>?*
OD   OI

    se
    ↓
■ *Sí, **te la** he dado*
  OI OD

• *¿Les has dado <u>los libros</u> <u>a tus hermanas</u>?*
OD   OI

■ *Sí, **se los** he dado.*
  OI OD

¿**Le** has enviado las fotos a Pepe?

Sí, ya **se** las he enviado.

¿**Les** habéis devuelto las bicis a los primos?

No, todavía no **se** las hemos llevado.

---

3 **Contesta como en el ejemplo.**

¿Le has prestado la bicicleta a Susana? (sí)
Sí, ya se la he prestado.

1 ¿Le has dado la revista a Jesús? (sí)

2 ¿Os han enseñado las notas? (no)

3 ¿Les has traído las fotos? (sí)

4 ¿Nos han traído los regalos? (no)

5 ¿Les has llevado la comida? (sí)

6 ¿Le has dado el bolígrafo a tu compañero? (no)

7 ¿Os han corregido los deberes? (sí)

8 ¿Te han arreglado el ordenador? (no)

9 ¿Quién os ha dicho eso? (Susana)

10 ¿Cuándo nos lo vas a dar? (la semana que viene)

4 **Haz preguntas y respuestas como en el ejemplo.**

    • reloj moderno / regalar
    ■ mi abuela
    • *¡Qué reloj tan moderno! ¿Quién te lo ha regalado?*
    ■ *Me lo ha regalado mi abuela.*

1 • bicicleta buena / prestar
    ■ mi prima

2 • zapatos limpios / limpiar
    ■ mi padre

3 • juego divertido / enseñar
    ■ mi amigo Sergio

4 • peinado moderno / hacer
    ■ mi hermana

5 • ordenador bueno / regalar
    ■ mis abuelos

6 • fotos bonitas / enviar
    ■ mis amigos

7 • pantalones elegantes / comprar
    ■ en una tienda del centro

5 Señala el pronombre correcto.

¡Hola, Elena!

¡Hoy ha sido un día estupendo! ¡He ido al parque de atracciones con mis primos!

¿No [1] **se / te** lo ha contado Guillermo? Él también ha estado con nosotros. La entrada ha sido un poco cara, pero el dinero [2] **nos / les** lo ha dado mi abuela. Hemos comido unos bocadillos riquísimos que [3] **os / nos** ha preparado mi madre. Hemos entrado en la Casa del Terror: [4] **se / me** la recomendó mi hermano porque es muy divertida. ¿Has estado alguna vez?

Mi primo se ha llevado su cámara digital. [5] **Se / Me** la han comprado sus padres por sacar buenas notas. Ha hecho muchas fotos y [6] **se / nos** las va a enviar.

Javier

P.D. ¿[7] **Le / Les** has dicho a María lo de la fiesta? Yo todavía no [8] **le / se** lo he dicho a Juan.

6 Sustituye en las siguientes frases el objeto directo y el objeto indirecto por los pronombres correspondientes como en el ejemplo.

He contado la película a mis padres. *Se la he contado.*

1 He entregado las llaves al profesor.

2 Mañana voy a escribir una carta a Lucía.

3 Quiero enviar mañana a Marcos las fotos de la excursión.

4 Voy a pedir a Pedro unos juegos de ordenador nuevos.

5 ¿Me has lavado el pantalón?

6 Deja a Pedro tus patines, por favor.

7 Ahora te doy las películas.

8 Nos han leído un cuento muy interesante.

9 Voy a contar a mis amigos las vacaciones.

10 No me han devuelto mi libro.

1 Lee el folleto y contesta a las preguntas.

TODOJOVEN SALAMANCA

Libros, música, videojuegos, revistas...

Nuestras **ofertas** de primavera

CD grandes éxitos **15 €**

Llévate 2 y paga 1

Los videojuegos más vendidos **25 €**

3 por el precio de 2

Los libros más leídos

Antes 18 € - Ahora 15 €

2 🔊53 Lee y escucha. ¿Qué le va a regalar a Juan?

Carlos: El sábado que viene es el cumpleaños de Juan y nos ha invitado a su fiesta. ¿Vamos a comprarle un regalo?

Belén: Vale. ¿Le compramos un juego de ordenador?

Carlos: Creo que no es una buena idea. A Juan no le gustan mucho los videojuegos. Le parecen muy aburridos.

Belén: Bueno, pues... ¿por qué no le compramos un libro?

Carlos: No estoy seguro, pero creo que mi hermano le va a regalar uno.

Belén: ¿Y qué tal si le llevamos un disco?

Carlos: Sí, eso es buena idea. Podemos comprarle el último disco de Maná. Es un grupo que le gusta mucho. Seguro que no se lo regala nadie.

3 Imagina que es el cumpleaños de un amigo. Prepara y practica un diálogo como el del ejercicio anterior con tu compañero.

1 ¿Qué puedes comprar en «Todojoven»?

2 ¿En qué época del año puedes comprar con estos precios?

3 ¿Cuánto cuestan dos cedés de música?

4 ¿Cuál es el precio de tres juegos de ordenador?

5 ¿Cuánto ahorras si compras un libro ahora?

1 Busca el significado de los siguientes verbos y elige las palabras correctas en el texto.

reunirse • olvidarse • aprovechar el tiempo • comunicarse • pasar (más) tiempo
echar de menos • participar • perder el tiempo • formar parte • relacionarse

Cómo ser más *felices*

Hemos preguntado a tres jóvenes sobre qué piensan que pueden hacer para mejorar sus vidas.

A
Normalmente hago las cosas en el último minuto y quiero cambiar esta mala costumbre. Desde hoy quiero hacer los deberes los viernes por la tarde para (1) **aprovechar el tiempo / reunirse** libre para estar con mis amigos y (2) **olvidarme de / echar de menos** las cosas del instituto.

B
Soy muy tímido y por eso tengo algún problema para (3) **olvidarme / relacionarme** y (4) **participar / comunicarme**. Necesito pensar en cosas positivas y (5) **perder el tiempo / pasar más tiempo** hablando con mi familia. También quiero (6) **relacionarme con el / formar parte del** equipo de fútbol de mi clase. Pienso que (7) **perder el tiempo / participar** en actividades con más personas es bueno para mí.

C
Tocaba la batería en un grupo de música rock. Pensaba que (8) **aprovechaba el tiempo / perdía el tiempo** y lo dejé. Ahora (9) **echo de menos a / formo parte de** mis compañeros y quiero volver con ellos. Tenemos entre nosotros una relación muy buena, así que creo que es fácil (10) **pasar tiempo / reunirnos** de nuevo.

2 Relaciona las siguientes frases con algunos de los verbos del ejercicio 1.

PASAR LA TARDE CON LOS AMIGOS Y AMIGAS

LO CONTRARIO DE «PERDER EL TIEMPO»

NO ACORDARSE DE ALGO IMPORTANTE

ESTAR EN EL GRUPO DE TEATRO DEL INSTITUTO

QUERER ESTAR CON ALGUIEN QUE NO ESTÁ CONTIGO EN ESE MOMENTO

3 🔊 Escucha la conversación entre Diego y Marta y elige la frase que mejor resume el diálogo.

1 Diego le aconseja a Marta y luego la invita a salir.
2 Marta le pide consejo a Diego y luego lo invita a salir.
3 Diego le da consejos a Marta, pero ella no los acepta.

4 🔊 Escucha otra vez y contesta a las preguntas.

1 ¿Cómo se llama el programa que vio Diego en televisión?
2 ¿Por qué no está Marta muy optimista en ese momento?
3 ¿Con quién debería pasar más tiempo Marta?
4 ¿Para qué le dice Diego a Marta que forme parte de un equipo?
5 ¿Qué momento tenemos que disfrutar más?
6 ¿A qué invita Diego a Marta?

📋 LEER

1 Lee el texto. ¿Son las afirmaciones verdaderas o falsas? Corrige las falsas.

La nueva forma de comunicación entre los jóvenes

Con el uso extendido de los *smartphones* se puso de moda utilizar la aplicación de mensajería instantánea WhatsApp para chatear en grupos, a través del teléfono. Se usa para organizar encuentros, compartir noticias y chismes, y hasta para debatir temas.

Hasta hace muy poco, para salir con sus amigas y compañeras, María tenía que llamar a cada una por teléfono para ponerse de acuerdo sobre dónde ir, dónde quedar y a qué hora. «Casi siempre era difícil ponerse de acuerdo y tenía que realizar varias llamadas. Así que todo eso me salía muy caro. Hasta que alguien me contó lo del WhatsApp y formé un grupo de chat. Ahora les escribo: "Chicas, ¿salimos?", y ya empieza el foro, hasta que cerramos el plan. ¡Y es prácticamente gratis!».

"Wasapear en grupo" es el nombre que se da a la utilización, cada vez más extendida, de la aplicación de mensajería instantánea WhatsApp en los teléfonos móviles para compartir mensajes, imágenes, audios y vídeos.

«Los jóvenes usamos los grupos en wasap no solamente para organizar una salida, sino también para hablar de nuestras cosas del instituto, de nuestros deberes, intercambiar materiales, fotos, vídeos, e incluso para debatir algunos temas de actualidad. Los usos son infinitos, y depende de la creatividad y la imaginación de cada uno», cuenta María.

Una de las críticas constantes a WhatsApp es su inseguridad, aunque la empresa ha solucionado ese problema.

Extraído de: www.ultimahora.com

🔊 ESCUCHAR

2 🔊55 Escucha el programa de radio *Siglo XXI* y completa la información.

1 Muchos jóvenes tienen _____ cuando no tienen su móvil.

2 Según el Sr. Robles, los jóvenes utilizan el móvil para _____, _____, _____ y para hacer llamadas.

3 WhatsApp, es una _____ para teléfonos móviles.

4 Con los amigos normalmente forman _____ para comunicarse.

5 La mayoría de los padres están _____ para utilizar esta forma de comunicación.

💬 HABLAR

3 Pregunta y contesta a tu compañero. Habla con tu compañero sobre las siguientes preguntas.

1 ¿Utilizas el WhatsApp o un programa de mensajería instantánea similar?

2 ¿Con qué frecuencia?

3 ¿Para qué usas el móvil?

4 ¿Ayudas a tus padres a manejar las nuevas tecnologías?

1 María antes utilizaba el WhatsApp para quedar con sus amigas.

2 Una llamada y un wasap cuestan igual.

3 María utiliza WhatsApp con sus compañeros para hablar de cosas de clase.

4 Con WhatsApp solo se pueden enviar mensajes escritos.

5 Esta aplicación es totalmente segura.

ESCRIBIR

4 Lee el texto. ¿Qué palabras crees que pueden completar los huecos?

Mi mejor amigo

Mi mejor amigo se llama Miguel. Tiene catorce años, vive cerca de mi casa y vamos al mismo instituto.

Miguel es muy [1] _____. Me gusta estar con él porque es optimista y divertido. Nos vemos todos los días en el recreo y algunas tardes nos reunimos para hacer los deberes. Cuando no sé hacer algún ejercicio, él me lo explica. Hablamos muchas veces por WhatsApp y nos intercambiamos información, vídeos, etcétera.

También estamos en el mismo equipo de [2] _____. Los martes y los jueves entrenamos, y todos los sábados jugamos un partido.

Además, algunos sábados por la tarde viene a mi casa y jugamos con [3] _____ o vemos [4] _____.

5 🎧 Ahora escucha y comprueba.

6 Completa las frases con los siguientes pronombres.

él • les (x2) • yo • se (x2) • ~~le~~ • me • nos

A mi amigo Miguel *le* gusta la música «rap».

1 _____ prefiero el «hip-hop».

2 _____ siempre _____ ayuda cuando tengo algún problema.

3 Miguel y yo _____ vemos todos los fines de semana.

4 El sábado _____ hice una foto a todos los del equipo.

5 _____ la voy a enviar a todos por WhatsApp.

6 La semana pasada a Miguel y a su equipo _____ dieron la Copa de Campeones.

7 El capitán _____ la ha llevado a su casa.

7 Escribe una descripción de tu mejor amigo o amiga. No te olvides de incluir los siguientes datos.

¿CÓMO SE LLAMA?

¿DÓNDE VIVE?

¿CUÁNDO OS CONOCISTEIS?

¿POR QUÉ TE GUSTA ESTAR CON ÉL O ELLA?

¿A DÓNDE VAIS NORMALMENTE?

¿QUÉ COSAS HACÉIS JUNTOS?

¿CUÁLES SON VUESTRAS AFICIONES?

1 **Mira la foto. ¿Qué está pasando?**

- Es un accidente.
- Es una fiesta tradicional.
- Unos vecinos están peleándose.

2 **¿Has oído hablar alguna vez de la Tomatina?**

1 ¿Dónde se celebra?

- España
- Argentina
- Cuba

2 ¿Cuánta gente celebra esta fiesta todos los años?

- 300
- 3000
- 30 000

3 [57] **Lee y escucha el texto. Después, contesta a las preguntas.**

Toma tomate

El pueblo valenciano de Buñol está organizando, como todos los años, para el próximo 30 de agosto la mayor batalla de tomates del mundo: la Tomatina.

Es una fiesta que reúne a miles de vecinos y visitantes de todo el mundo. En ella se utilizan 100 000 kilos de tomates en una batalla entre más de 30 000 personas. A pesar de esta gran cantidad de gente, durante todos los años que se ha celebrado, nunca ha habido grandes problemas.

Todos los participantes tienen que obedecer las siguientes reglas:

- no debes llevar botellas;
- no debes romper la ropa del contrincante;
- tienes que aplastar los tomates antes de lanzarlos;
- no debes lanzar ningún tomate después de las dos de la tarde.

CONSEJOS PRÁCTICOS

- no lleves ropa que quieras volver a ponerte;
- unas gafas de bucear pueden ser muy útiles;
- disfruta al máximo, es muy divertido lanzar tomates durante una hora a todos tus amigos y vecinos.

Si quieres más información, visita la página:
www.latomatina.es

1 ¿En qué provincia española se celebra la Tomatina?

2 ¿Cuándo se celebra? ¿Con qué frecuencia?

3 ¿Quiénes participan?

4 ¿En qué consiste la fiesta?

5 ¿Qué tienes que hacer con los tomates antes de lanzarlos?

6 ¿Cuándo acaba la batalla?

7 ¿Qué tipo de ropa debes llevar puesta?

8 ¿Cómo puedes protegerte los ojos?

9 ¿Cuánto dura la batalla?

10 ¿Por qué la gente se lo pasa bien?

4 **Piensa en una fiesta muy divertida de tu país y contesta a las preguntas.**

1 ¿Cómo se llama?

2 ¿Dónde y cuándo se celebra?

3 ¿Qué actividades se hacen?

4 ¿Lleva la gente ropa especial?

Reflexión y evaluación

1 **¿Qué adjetivo define a cada una de estas personas?**

2 **Elige la forma correcta.**

1 Amanda **es / está** aburrida porque no ha venido su amiga Alba.

2 Carla **es / está** una chica alegre, siempre está riéndose.

3 Yo siempre me lo paso muy bien contigo porque **eres / estás** muy divertido.

4 Mi madre **es / está** más activa que mi padre.

5 Las chicas **son / están** nerviosas porque viene Javier Bardem al instituto.

6 Los hijos de Lara **son / están** muy educados, siempre me saludan cuando me ven.

3 **Usa un pronombre de objeto indirecto como en el ejemplo.**

Voy a hacer una tarta. (a mis amigos)
Les voy a hacer una tarta.

1 Jesús hace un regalo. (a Begoña)

2 Quiero presentar a mis compañeros. (a ti)

3 Tu madre ha preparado la merienda. (a nosotros)

4 Mi novio ha enviado un mensaje. (a mí)

5 He llamado por teléfono dos veces. (a vosotros)

6 ¿Has mandado el paquete? (a ella)

7 Carlota escribe un correo. (a Manuel)

8 ¿Has contado la historia? (a ellos)

9 Espero en la puerta. (a vosotros)

10 Hice la compra. (a mi abuela)

4 **Señala el pronombre correcto.**

1 Anoche llamé a Celia y **le / se** dejé un mensaje.

2 • ¿Has visto a Jorge y Pablo hoy?

  ▪ Sí, **le / los** he visto esta mañana.

3 Mi hermana **me / se** prestó su pañuelo.

4 ¿**Se / Te** lo ha contado María a ti?

5 El profesor **nos / se** ha enseñado su página web.

6 ¿El director **os / se** ha enviado una carta?

7 Félix **le / la** ha dado la merienda a la niña.

5 **Completa las frases con los siguientes verbos.**

reunirse • pasar (el tiempo) • echar de menos
participar • perder el tiempo

1 Hace mucho que no la veo. La _____.

2 Siempre _____ las vacaciones en la playa.

3 El domingo pasado _____ con mis amigos para celebrar mi cumpleaños.

4 Mi equipo _____ en tres campeonatos hasta ahora.

5 Es muy tarde y tienes que acabar los deberes. No _____.

El futuro del planeta

8

1 🔊 **Completa el cartel con las siguientes recomendaciones. Después, escucha y comprueba.**

> contaminan · recíclalos · ahorra · reutiliza · tires · apaga
> cierra · enciendas · malgastes · protege

Campaña *ecologista*

▶ No [1] .... periódicos ni revistas a la basura: ¡[2] ....!

▶ No [3] .... agua: [4] .... el grifo mientras te lavas los dientes.

▶ [5] .... electricidad: [6] .... las luces cuando salgas de una habitación.

▶ [7] .... las bolsas de plástico.

▶ No [8] .... fuego en el monte: [9] .... la naturaleza.

▶ Los coches [10] .... el aire: utiliza la bicicleta, el transporte público o ve andando siempre que puedas.

2 **Relaciona los verbos con sus definiciones.**

1 ahorrar
2 apagar
3 cerrar el grifo
4 contaminar
5 malgastar
6 proteger
7 reciclar
8 reutilizar
9 tirar a la basura

a arrojar al cubo de los desperdicios
b defender
c alterar la pureza del agua y el aire
d evitar un gasto o consumo mayor
e impedir la salida del agua
f desconectar un circuito eléctrico
g gastar de manera inútil
h transformar la basura para su reutilización
i volver a usar

3 **Para proteger el medioambiente hay cosas que debemos hacer y otras que no. Completa las frases con los verbos del ejercicio 2.**

DEBEMOS...
1 .... papel, botellas y ropa.
2 .... agua y energía.
3 .... los animales y las plantas.

NO DEBEMOS...
4 .... papel, botellas y ropa.
5 .... el aire y el agua.
6 .... agua y energía.

4 **¿Sabes cómo se ahorra energía? ¿Tú qué haces en tu casa para ahorrar energía?**

5 **[59] Lee el texto y relaciona las siguientes frases con los huecos 1 – 4. Después, escucha y comprueba.**

a Por eso, lavar a baja temperatura es la mejor forma de ahorrar.

b Pero lo que más energía consume en una casa, un 46 % del total, es la calefacción y el aire acondicionado.

c En los meses de invierno aumenta mucho el consumo de energía en todos los hogares.

d El único problema es que son más caras, pero duran más.

Cómo ahorrar energía en casa

Ahorrar electricidad y gas en el hogar es fácil. Solo hay que seguir unos consejos y esperar que los resultados se noten en el medioambiente y en el bolsillo.

[1] _____. Según los últimos estudios se puede ahorrar hasta un 10 % de energía siguiendo unos pocos consejos sencillos.

Tener el congelador lleno de hielo consume un 30 % más. Cocinar con una olla a presión ahorra hasta un 50 % de energía. El horno eléctrico gasta un 70 % más de electricidad que el microondas. [2] _____. Subir la calefacción por encima de los 20 ºC o el aire acondicionado por debajo de los 25 ºC supone un aumento de gasto de energía de un 7 % por cada grado. El 80 % de la energía que consume una lavadora se usa en calentar el agua. [3] _____

Las bombillas de bajo consumo necesitan un 80 % menos de electricidad que las tradicionales. [4] _____.

¿Sabes que un ordenador encendido o una televisión en modo de espera no dejan de gastar energía?

Al grito de «¡Hay que expulsar a los ladrones de energía de casa!», Greenpeace ha publicado una guía en internet en la que nos cuenta cómo podemos ahorrar energía en nuestra casa.

Consulta sus consejos en:
www.greenpeace.com

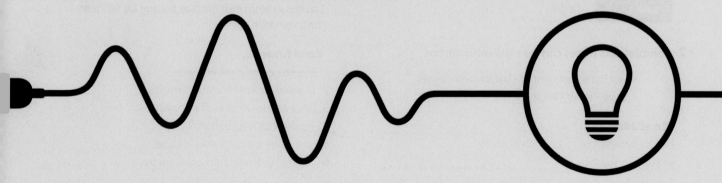

6 **Contesta a las preguntas.**

1 ¿Por qué aumenta el consumo de energía en los hogares en invierno?

2 ¿Cómo puede consumir menos energía un congelador?

3 ¿Qué es más ecológico: el horno eléctrico o el microondas? ¿Por qué?

4 ¿Cómo puedes ahorrar energía con la calefacción?

5 ¿Cómo consume menos una lavadora?

6 ¿Qué bombillas son las más ecológicas?

7 ¿Qué debes hacer con la televisión y el ordenador cuando no los estés usando?

8 ¿Dónde puedes consultar tus dudas sobre ahorro energético?

Futuro

Verbos regulares

trabajar	proteger	vivir
trabaj**aré**	proteg**eré**	viv**iré**
trabaj**arás**	proteg**erás**	viv**irás**
trabaj**ará**	proteg**erá**	viv**irá**
trabaj**aremos**	proteg**eremos**	viv**iremos**
trabaj**aréis**	proteg**eréis**	viv**iréis**
trabaj**arán**	proteg**erán**	viv**irán**

*En el futuro todas las personas **vivirán** en naves espaciales.*

1 Observa el futuro de algunos verbos irregulares y completa la tabla.

hacer	haré, harás, hará, _____, _____, _____.
tener	tendré, tendrás, _____, _____, _____, _____.
venir	vendré, _____, _____, _____, _____, _____.
poder	podré, _____, _____, _____, _____.
poner	pondré, _____, _____, _____, _____.
haber	habré, _____, _____, _____, _____.
salir	saldré , _____, _____, _____, _____.

2 Completa las frases con los siguientes verbos.

vivir • hacer • encontrar • trabajar • no ir • ser
venir • tener • estar • poder • contaminar

En el 2060...

1 Los coches _____ menos.

2 Algunos hombres _____ una casa en la luna.

3 La mayoría de las personas _____ en sus casas.

4 Todos nosotros _____ más años.

5 Los medios de comunicación _____ muy diferentes.

6 Los niños _____ al colegio. _____ estudiar por internet.

7 Los extraterrestres _____ de vacaciones a la Tierra.

8 Los robots nos _____ el desayuno.

9 Todos los animales _____ protegidos.

10 Los científicos _____ tratamientos para muchas enfermedades.

3  Relaciona los principios con los finales utilizando *porque* como en el ejemplo. Después, escucha y comprueba.

Los ríos estarán más limpios porque las fábricas contaminarán menos.

En el futuro...

1 Los ríos estarán más limpios...

2 El aire estará menos contaminado...

3 Los bosques no desaparecerán...

4 Tendremos más tiempo libre...

5 Iremos de vacaciones a la Luna...

6 Los transportes serán más rápidos...

a ... no cortaremos los árboles.

b ... el viaje no será muy caro.

c ... las fábricas contaminarán menos.

d ... trabajaremos menos horas.

e ... los autobuses y los taxis podrán volar.

f ... los coches funcionarán con energía solar.

4 ¿Cómo crees que será tu futuro dentro de veinte años? Haz predicciones utilizando las siguientes ideas.

edad • familia • dinero • trabajo • casa

Dentro de veinte años tendré treinta y tres años.

Oraciones condicionales

Condición	Resultado
Si reciclamos más, ...	... **habrá** menos contaminación.
Si utilizas bombillas de bajo consumo, ...	... **ahorrarás** energía.

5 **Relaciona.**

1 Si estudias mucho, ...
2 Si no te das prisa, ...
3 Si hablo con Juan, ...
4 Si tenemos hambre, ...
5 Si llueve, ...
6 Si conduces muy deprisa, ...
7 Si llego pronto, ...
8 Si apruebas, ...

a ... te pondrán una multa.
b ... aprobarás tus exámenes.
c ... le diré que te llame.
d ... te regalaré un ordenador.
e ... no iremos al campo.
f ... llegaremos tarde.
g ... nos comeremos un bocadillo.
h ... prepararé la cena.

6 **Elige la forma correcta del verbo.**

1 Si mañana **estoy / estaré** enfermo, no **voy / iré** al colegio.
2 Si **voy / iré** al cine el sábado, te **llamo / llamaré** por teléfono.
3 No **vamos / iremos** a la piscina si **llueve / lloverá** mañana.
4 Ana **viene / vendrá** a la fiesta si la **invitas / invitarás**.
5 Si **entrenarás / entrenas** mucho, **ganas / ganarás** la carrera el domingo.

7 **Completa las frases con la forma correcta de los verbos.**

1 Si _____ (reciclar / nosotros) más, _____ (producir) menos basura.
2 Si _____ (apagar / tú) la luz al salir de la habitación, _____ (ahorrar) energía.
3 Si _____ (ducharse / nosotros) en vez de bañarnos, _____ (malgastar) menos agua.
4 Si la gente _____ (provocar) incendios, _____ (destruir) el monte.
5 _____ (proteger / nosotros) la naturaleza si la _____ (mantener) limpia.
6 Si _____ (cuidar / nosotros) nuestros ríos, los peces _____ (sobrevivir).
7 Si _____ (utilizar / nosotros) la bicicleta, _____ (haber) menos contaminación.
8 Si _____ (haber) menos contaminación, _____ (estar) más sanos.
9 Si _____ (consumir / nosotros) menos energía, _____ (colaborar) en la salvación del planeta.
10 _____ (ser) mejor para tu ciudad si _____ (usar) el transporte público.

8 **Pregúntale a tu compañero qué hará en las siguientes situaciones. Haced preguntas y respuestas como en el ejemplo.**

> **ACABAR LOS DEBERES PRONTO HOY**
>
> **QUEDAR CON TUS AMIGOS EL SÁBADO**
>
> **APROBAR LOS EXÁMENES DE ESTE CURSO**
>
> **AHORRAR CIEN EUROS ESTE MES**
>
> **DOLER LA CABEZA MAÑANA**

• *¿Qué **harás si acabas** los deberes pronto hoy?*
■ ***Si acabo** los deberes pronto, **jugaré** al ordenador.*

9 Vas a leer un cuento muy popular en España sobre una lechera (mujer que vende leche) que sueña con un futuro mejor. Completa los huecos con el verbo correspondiente en futuro.

La lechera

Iba una lechera al mercado con un cántaro de leche y pensaba:

«[1]_____ (Vender) la leche y con el dinero [2]_____ (comprar) huevos.

De los huevos [3]_____ (salir) gallinas y pollos.

[4]_____ (Vender) las gallinas y los pollos y con el dinero [5]_____ (comprar) un cerdo.

Le [6]_____ (dar) mucha comida y [7]_____ (crecer).

Entonces lo [8]_____ (llevar) al mercado y lo [9]_____ (cambiar) por una vaca y un ternero.

Y la vaca [10]_____ (dar) leche y…».

En ese momento, tropezó con una piedra del camino. El cántaro cayó y se rompió y la leche se perdió. ¡Pobre lechera!

La enseñanza de esta historia es que no debemos hacer castillos en el aire.

10 ¿Qué crees que significa la expresión: «no debemos hacer castillos en el aire»? ¿Conoces alguna historia parecida en tu idioma?

1 Observa el panel informativo a la entrada de un parque natural. Después, contesta a las preguntas.

¡Ayúdanos a conservarlo!

- NO ESTÁ PERMITIDO ACAMPAR EN ESTE PARQUE.
  Si quieres dormir en el parque, tendrás que utilizar los refugios.

- NO ESTÁ AUTORIZADO HACER FUEGO.
  El fuego se puede extender fácilmente y destruir la fauna y la flora.

- NO DEBES ALIMENTAR NI TOCAR A LOS ANIMALES.
  Los animales encuentran sus propios alimentos de forma natural.

- NO ARRANQUES LAS PLANTAS.
  Si estropeas las plantas, estarás destruyendo el hogar de algunos de los animales que habitan en el parque.

- LLÉVATE TU BASURA A CASA.
  Las bolsas de plástico y las latas pueden ser peligrosas para los animales.

1 ¿Qué podrás hacer si quieres pasar la noche en este parque natural?

2 ¿Por qué es peligroso hacer fuego en el campo?

3 ¿Por qué no debes dar de comer a los animales?

4 ¿Por qué hay que dejar las plantas en su sitio?

5 ¿Por qué te tienes que llevar tu basura a casa?

2 🔊61 **Lee y escucha. ¿Qué van a hacer al llegar a casa?**

Silvia: El campo y los ríos cada vez están más sucios. A mí me gustaría colaborar con algún grupo ecologista. ¿A ti no te gustaría?

Guillermo: Sí, a mí también. Me molesta mucho ver todos los días en la televisión cómo se está estropeando la naturaleza y no hacer nada.

Silvia: Yo creo que sí podemos hacer algo. Si todos ayudamos, algunos problemas podrán solucionarse.

Guillermo: Al llegar a casa, podemos buscar en internet información sobre alguna organización ecologista para jóvenes. ¿Qué te parece?

3 ¿Qué te gustaría hacer para mejorar el mundo en el que vives? Prepara un diálogo con tu compañero expresando vuestras intenciones y opiniones.

PERTENECER A UNA ORGANIZACIÓN DE DEFENSA DE LOS ANIMALES;
PERTENECER A UNA ORGANIZACIÓN DE AYUDA HUMANITARIA;
PERTENECER A UNA ASOCIACIÓN PARA APADRINAR NIÑOS;
OTRAS ORGANIZACIONES...

EXPRESAR INTENCIONES Y OPINIONES

-A mí (no) me gustaría...
-¿A ti (no) te gustaría...?

-Yo creo que...
-Me molesta...

1 🔊 **Escucha y repite los nombres de los siguientes animales.**

lince • águila • abeja • oso panda • cigüeña negra • rana • pingüino
sapo • oso polar • rinoceronte • ballena • tortuga • gorila

2 🔊 **Completa la información sobre los animales del ejercicio 1. Después, escucha y comprueba.**

1 Los humanos cazan .... por el gran valor de sus cuernos.

4 Las .... viven en todos los hábitats del mundo excepto en la Antártida.

7 Las .... y los .... son el grupo más numeroso de anfibios.

10 La población de .... en Europa es más o menos de 500 parejas.

2 El .... es un felino de patas largas y cola corta.

5 El ADN de los .... es un 97–98 % igual al humano.

8 En la Antártida los .... están protegidos.

11 En algunos países, sus habitantes comen carne de ....

3 El .... es el símbolo del Fondo mundial para la protección de la naturaleza (WWF) desde 1961.

6 Grandes áreas de hielo, donde cazan los ...., se están descongelando.

9 Las .... son uno de los seres vivos más antiguos de este planeta. Habitan la Tierra desde hace 110 millones de años.

12 Miles de .... mueren cada año por la agricultura industrial y el uso de productos tóxicos.

3 Mira estas palabras ¿Cómo se dicen en tu idioma?

mamíferos   reptiles   aves   anfibios   insectos

4 Clasifica los animales del ejercicio 1 en estos apartados.

| mamíferos | reptiles | aves | anfibios | insectos |

5 🔊 **Escucha a Rafa y a Sara hablando de un proyecto sobre animales en peligro de extinción. ¿Qué animales han elegido para sus proyectos?**

6 🔊 **Escucha otra vez y contesta a las preguntas.**

1 ¿Por qué cree Sara que las ballenas son inteligentes?

2 ¿Qué hacen las ballenas cuando la gente las observa desde los barcos?

3 ¿Qué está prohibido hacer según Rafa?

4 ¿Por qué los barcos son peligrosos para las ballenas?

5 ¿Por qué quiere Rafa escribir sobre las serpientes?

LEER

1 Lee los textos y señala si son verdaderas o falsas las siguientes afirmaciones.

Fauna ibérica en extinción

El pato colorado

fue nombrado «Ave del Año 2008» y fue elegido para llamar la atención sobre el mal estado de las zonas húmedas donde vive este pájaro. A finales del siglo xx pasaban el invierno en España unos 20 000 patos colorados. En la actualidad solo invernan unos 14 000, por lo que está considerada como especie en peligro. En la Albufera de Valencia, uno de los humedales preferidos por estas aves, en el año 1964 vivían unas 1000 parejas. Hoy viven tan solo 50. La pérdida de calidad de las aguas, las sequías y la construcción descontrolada son las causas fundamentales de esta disminución.

El rebeco

desapareció de las montañas de Cantabria, en el norte de España, a mediados del siglo xix, a la vez que el oso pardo y el urogallo, debido fundamentalmente a la desaparición de los bosques en estas tierras. Después de más de cien años, y gracias a la introducción de crías de otras zonas, el rebeco ha regresado a estas montañas. En 2007 nacieron 17 crías. El éxito de este programa se debe a todas las personas que han ayudado económicamente colaborando en las campañas de apadrinamiento de rebecos.

Urogallo   *Oso pardo*

1 El pato colorado fue nombrado «Ave del Año» porque es muy bonito.

2 Las zonas húmedas donde vive el pato colorado están muy estropeadas.

3 Cada año hay menos patos colorados en los humedales españoles.

4 Los patos colorados están desapareciendo porque cada vez hay más agua en España.

5 En la actualidad no hay rebecos en las montañas de Cantabria.

6 Para repoblar las montañas han traído pequeños rebecos de otras zonas.

7 No ha nacido ningún rebeco nuevo en los últimos años en Cantabria.

8 Muchas personas han apadrinado a las nuevas crías.

ESCUCHAR

2 🔊 Escucha la entrevista y completa la información.

1 Podemos verla en _____ en las montañas de Madrid.

2 Se alimentan de _____ e _____.

3 Tienen las plumas _____ y el pico y las patas _____.

4 Vive cerca de aguas _____ y _____ para pescar.

5 En la actualidad, hay _____ parejas en la Comunidad de Madrid.

HABLAR

3 Habla con tu compañero sobre los animales en peligro de extinción.

1 ¿Qué otras especies en peligro de extinción conoces?

2 ¿Dónde viven?

3 ¿De qué se alimentan?

4 ¿Por qué están amenazadas?

ESCRIBIR

4 🔊 **Lee el texto. ¿Con qué palabras completarías los huecos? Después, escucha y comprueba.**

Mundo animal

El lince ibérico

El lince ibérico es un felino de patas largas y cola corta. Sus [1] ___ son puntiagudas y tiene unas barbas alargadas a los lados de la cara. El lince es de color [2] ___ con manchas negras.

Vive en los bosques de Doñana, en el sur de España, en zonas alejadas de la actividad humana.

Se alimenta fundamentalmente de [3] ___. Cuando no hay conejos, también come mamíferos pequeños y [4] ___.

La población del lince ibérico se ha reducido en los últimos años en más de un 50 %, debido sobre todo a la actividad humana, a la escasez de conejos y a la [5] ___.

5 **Organiza la siguiente información sobre el águila imperial, como en el ejercicio anterior.**

> Se alimentan fundamentalmente de conejos.
> Es un animal en peligro de extinción.
> Es un ave de 75 a 80 cm de longitud y mide alrededor de 2 m con las alas abiertas.
> Está amenazada por los tendidos eléctricos y los venenos contra ratas y topillos.
> Es de color marrón claro.

6 **Escribe un texto informativo sobre un animal en peligro de extinción. Organiza la información en distintos párrafos como en el texto del ejercicio 4. No te olvides de contar:**

- ¿Cómo es?
- ¿Dónde vive?
- ¿De qué se alimenta?
- ¿Qué peligros lo / la acechan?

1 Mira las fotos. ¿Qué tipo de animales son? ¿Dónde viven?

2 Lee y escucha. Después, señala si las afirmaciones son verdaderas o falsas.

Doñana

El Parque Nacional de Doñana está situado en el sudoeste de España, en Andalucía. Fue declarado Patrimonio de la Humanidad por la UNESCO en 1994.

Este parque está considerado como la mayor reserva ecológica de Europa. En él viven distintas especies de anfibios, reptiles y mamíferos, alguno de ellos en peligro de extinción, como por ejemplo el lince ibérico, y durante el invierno recibe la visita de más de 200 000 aves acuáticas de distintas especies.

El Parque de Doñana tiene un clima suave, de tipo mediterráneo, con inviernos húmedos y veranos secos. Las temperaturas son suaves –una temperatura media anual de unos 15 ºC–.

En los alrededores del parque hay varios centros de visitantes donde se organizan visitas guiadas. Si quieres visitar el Parque en 4x4 o en autobús, realizar sendas para conocer su fauna y su flora, o hacer una ruta fotográfica, tendrás que consultar la página www.donana-nature.com, donde encontrarás toda la información necesaria.

1. En el Parque de Doñana no viven leones ni elefantes.
2. El lince ibérico es un animal en peligro de extinción.
3. En el Parque de Doñana llueve mucho en verano y en invierno.
4. El Parque de Doñana solo se puede visitar a pie.
5. En el Parque de Doñana no se pueden hacer fotografías.

3 Contesta a las siguientes preguntas.

1 ¿Conoces algún parque natural en tu país?
2 ¿Lo has visitado?
3 ¿Qué animales viven en él?

1 **Relaciona los verbos con las definiciones.**

1	ahorrar	a	volver a usar
2	reutilizar	b	gastar de manera inútil
3	reciclar	c	defender
4	malgastar	d	infectar el agua y el aire
5	contaminar	e	transformar la basura en algo útil
6	proteger	f	evitar un consumo mayor

2 **Completa las frases usando el futuro de los verbos entre paréntesis.**

1 Yo creo que Daniel _____ (ganar) la carrera.

2 Los científicos _____ (poder) clonar humanos.

3 María _____ (bailar) en el Teatro Real.

4 Nosotros _____ (construir) ciudades debajo del agua.

5 Tú _____ (tener) un coche de energía solar.

6 Vosotros dos _____ (venir) a verme.

7 Amanda y Alba _____ (ser) buenas amigas.

8 La gente _____ (comer) menos carne.

3 **¿Qué puedes hacer en una escuela ecológica? Relaciona las dos columnas.**

1	ahorrar	a	en un cubo
2	reutilizar	b	árboles
3	reciclar	c	agua
4	plantar	d	papel
5	recoger el agua de la lluvia	e	cajas, latas, papel, plástico, ...

4 **Completa las frases siguientes con la forma correcta de los verbos.**

1 Si _____ (llegar / nosotros) pronto, _____ (ver) una película.

2 Si la gente _____ (no hacer) barbacoas en el monte, _____ (haber) menos incendios.

3 ¿_____ (cuidar / tú) del gato si _____ (ir / nosotros) de vacaciones?

4 Si _____ (tirar / vosotros) el vidrio en el contenedor verde, se _____ (reciclar) mejor.

5 Te _____ (comprar / yo) un videojuego si _____ (querer / tú).

6 Si mis padres me _____ (dar) dinero, _____ (ir / yo) a ver el concierto de Shakira.

5 **Escribe qué harás en las situaciones siguientes.**

Si tus padres te dan 20 €.
Si mis padres me dan 20 €, me compraré un libro.

1 Si alguien te invita a una fiesta el sábado.

2 Si estás aburrido el domingo.

3 Si llueve el fin de semana.

4 Si no tienes deberes.

5 Si estás solo en casa.

6 **Elige la opción correcta.**

1 **Las ranas / Los pingüinos** nadan en agua dulce.

2 Las **abejas / cigüeñas** transportan el polen de unas plantas a otras.

3 Los **gorilas / linces** habitan principalmente en el sur de España.

4 Las **tortugas / ballenas** nadan a gran velocidad.

5 El oso **panda / polar** vive principalmente en China.

Autoevaluación

MIS RESULTADOS EN ESTA UNIDAD SON:

✌ Muy buenos

👍 Buenos

👎 No muy buenos

Sucesos

VOCABULARIO	▶ Delitos ▶ Entrevista con un ladrón
GRAMÁTICA	▶ Uso de *estaba…* + gerundio ▶ Oposición pretérito indefinido / *estaba…* + gerundio
COMUNICACIÓN	▶ Señales de prohibición, obligatoriedad y posibilidad ▶ Preparar una entrevista
COMUNICACIÓN Y VOCABULARIO	▶ ¿Qué problemas hay en tu ciudad?
DESTREZAS	▶ La herencia de la tía Ágata ▶ Noticia de sucesos
CULTURA	▶ Don Quijote y Sancho Panza

Reflexión y evaluación

1 Completa las siguientes definiciones.

1 El lugar donde se juzga es el ....

2 La persona que mantiene el orden y la seguridad de los ciudadanos es el ....

3 El acto de quitar a alguien lo que le pertenece es un ....

4 La persona a quien se culpa de un delito es un ....

5 La persona que ve una acción criminal es un ....

6 El lugar donde se encierra a los criminales es la ....

7 La persona que defiende en un juicio a un acusado es el ....

8 La persona que decide si el acusado es culpable o inocente es el ....

2 Completa en pasado con la estructura *estaba* + gerundio. Utiliza los verbos que están entre paréntesis.

1 ¿Qué .... (hacer / tú) a las nueve de la noche?

2 Nosotros .... (estudiar) en la biblioteca ayer por la tarde.

3 Amanda .... (hablar) por teléfono con Alba.

4 ¿Por qué .... (llorar / vosotros) ayer?

5 Los profesores .... (bailar) en la sala de profesores.

6 Yo .... (dormir) a las once de la noche.

3 Ordena las frases.

1 parque / estaban / el / niños / jugando / en / los

2 ¿ / haciendo / qué / hermanos / estaban / tus / ?

3 en / estaba / piscina / la / Marta / nadando

4 estábamos / televisión / nosotros / no / la / viendo

5 ¿ / participando / la / estaba / carrera / gente / cuánta / en

6 el / estaba / yo / autobús / esperando

4 Completa el diálogo con pretérito indefinido o *estaba* + gerundio.

Blanca: ¿Con quién [1] .... (bailar / tú) en la fiesta?

Raquel: Yo [2] .... (no bailar).

Blanca: Sí, yo te [3] .... (ver). Tú [4] .... (hablar) con un chico moreno.

Raquel: ¡Ah!, te refieres a Manuel. Él es el amigo de Jorge. Le [5] .... (conocer) en la fiesta de Nochevieja.

Blanca: Pues es el novio de mi hermana y vosotros os [6] .... (besar) cuando [7] .... (entrar) mi hermana.

5 Relaciona las palabras con sus definiciones.

tráfico • delincuencia • contaminación • suciedad • grafiti

1 Polvo, manchas, grasa o cualquier otra cosa que ensucia.

2 Desplazamiento de medios de transporte.

3 Hecho de cometer uno o varios delitos.

4 Pintada en una pared de un texto o una imagen y que intenta transmitir un mensaje.

5 La presencia de sustancias tóxicas en el medioambiente.

Autoevaluación

MIS RESULTADOS EN ESTA UNIDAD SON:

✌ Muy buenos

👍 Buenos

👎 No muy buenos

ℹ Ahora puedes hacer el Proyecto 3 (páginas 124-125)

Sucesos

1 🎧 **Relaciona las siguientes palabras con las diferentes partes del dibujo. Después, escucha y comprueba.**

cárcel • juez • juzgado • asesinato • comisaría • testigo • robo • policía • abogado • acusado

2 **Clasifica las palabras del ejercicio anterior en las siguientes categorías.**

DELITOS	PERSONAS	LUGARES

3 **Completa las frases con las palabras del ejercicio 1.**

Un *abogado* es la persona que defiende en un juicio a un acusado.

1 Un .... es el acto de matar a una persona.

2 El .... es el lugar donde se decide si alguien es culpable.

3 Un .... es el acto de quitar a alguien lo que le pertenece.

4 El .... es la persona a quien se hace responsable de un delito.

5 La .... es el lugar donde se encierra a los criminales.

6 La policía trabaja en la ....

7 La persona que decide si el acusado es culpable o inocente es el ....

8 El .... es la persona que ve una acción criminal.

9 Un .... es la persona que mantiene el orden y la seguridad de los ciudadanos.

4 El Dioni es un delincuente español que fue muy popular en los años 90. ¿Sabes qué delito cometió?

5 Lee la siguiente entrevista y contesta a las preguntas.

PALABRA DE LADRÓN

Dionisio Rodríguez Martín, «el Dioni», era un trabajador que decidió cambiar su vida y un día robó el furgón de la empresa de seguridad en la que trabajaba. Él piensa que ya ha pagado por ello lo suficiente (tres años de cárcel). Es un buen conversador y, excepto contar dónde están los trescientos millones*, le gusta hablar de todo.

Emilio: ¿Qué hacías antes de cometer el robo?

Dioni: Yo era una persona con una vida aburrida. De niño estudié en el Colegio del Pilar. Empecé a trabajar a los catorce años y siempre he sido un buen trabajador... Hasta los cuarenta años, que me llevé el furgón con los trescientos millones.

Emilio: ¿Por qué un día decidiste robar?

Dioni: Lo que ocurrió es que un día me quitaron mi puesto de guardaespaldas y me hicieron conductor. Como guardaespaldas vivía bien, pero con el sueldo de conductor no podía comprar muchas cosas. Por eso decidí robar el furgón del banco. Para mí fue muy fácil: una mañana me levanté y lo robé.

Emilio: ¿Qué pasó después?

Dioni: Me fui a Brasil, pero me atrapó la policía y me envió a España. Me juzgaron, el juez me condenó y pasé tres años en la cárcel.

Emilio: ¿A qué te dedicas ahora?

Dioni: Ahora vivo de mi trabajo en mi bar. También he grabado dos discos y he escrito un libro.

Emilio: ¿Cómo se llama tu libro?

Dioni: *Palabra de ladrón.*

Emilio: ¡Es un buen título! Muchas gracias, Dioni. ¡Qué tengas mucha suerte!

* *Trescientos millones de pesetas, la moneda española anterior al euro. Equivale a 1,8 millones de euros.*

1 ¿Por qué estuvo el Dioni tres años en la cárcel?

   a Por robar en un banco.

   b Por robar un coche.

   c Por robar un vehículo blindado con el dinero de un banco.

2 ¿En qué estaba trabajando antes de cometer el robo?

   a Estaba trabajando en un colegio.

   b Era guardaespaldas.

   c Era conductor de camión.

3 ¿Por qué decidió robar?

   a Porque no ganaba suficiente.

   b Porque no le gustaba su trabajo.

   c Porque no tenía coche.

4 ¿Cuántos años pasó en la cárcel?

   a Tres años.

   b Dos años.

   c Trece años.

5 ¿Ahora a qué se dedica?

   a Ha vuelto a su trabajo de antes.

   b Ha abierto un bar.

   c Ha escrito muchos libros.

Estaba… + gerundio

yo	estaba	
tú	estabas	
él / ella / Ud.	estaba	+ estudiando
nosotros/-as	estábamos	
vosotros/-as	estabais	
ellos / ellas / Uds.	estaban	

Pretérito indefinido / estaba… + gerundio

Usamos el **pretérito indefinido** cuando hablamos de acciones terminadas en el pasado.

Usamos **estaba… + gerundio** cuando hablamos de acciones en desarrollo en el pasado.

*El ladrón **entró** en la casa cuando mis padres **estaban durmiendo**.*

1 **Completa el texto con *estaba*… + el gerundio de los siguientes verbos.**

hablar · pasear · estudiar · hacer · trabajar · jugar

El martes pasado unos ladrones robaron en casa de mis vecinos a las siete de la tarde. La policía quiere saber qué [1] .... todos nosotros ese día a esa hora. Yo les dije que yo [2] .... con mis juegos de ordenador, mi madre [3] .... por teléfono, mi padre [4] .... en la oficina, mis hermanas [5] .... para el examen de matemáticas y mis abuelos [6] .... al perro.

2 **¿Qué estaban haciendo cuando empezó a llover? Escribe preguntas. Después, mira el dibujo y contesta utilizando *estaba*… + gerundio.**

¿Qué / hacer / el hombre?
- *¿Qué estaba haciendo el hombre?*
- *Estaba leyendo el periódico.*

1 ¿A qué / jugar / los niños?
2 ¿Quién / pasear / al bebé?
3 ¿Qué / hacer / el bebé?
4 ¿Dónde / hablar / las niñas?
5 ¿Qué / hacer / las señoras?
6 ¿Qué / comer / el perro?

3 **¿Qué estabais haciendo a las horas indicadas? Haz preguntas y contesta a tu compañero, como en el ejemplo.**

- *¿Qué estabas haciendo ayer a las tres de la tarde?*
- *Estaba comiendo en mi casa.*

Ayer a las tres de la tarde

Ayer a la una del mediodía

Hoy a las ocho de la mañana

Ayer a las once de la noche

El domingo pasado a las seis de la tarde

El sábado pasado a las once de la mañana

4 **Traduce las siguientes frases. Después, observa las reglas del pretérito indefinido con *estaba...* + gerundio de la página anterior.**

1 Cuando los ladrones **estaban saliendo** del banco, llegó la policía.

2 Miguel **estaba durmiendo** cuando oyó el disparo.

3 Mientras **estaban jugando** al fútbol, les robaron la cartera.

4 El accidente sucedió mientras **estábamos cenando** en el restaurante.

5 **Elige la forma correcta de los verbos.**

1 Enrique **oyó / estaba oyendo** la sirena de la policía mientras **cenó / estaba cenando**.

2 Cuando **patiné / estaba patinando** por el parque, me **encontraba / encontré** con tu hermano.

3 Se le **estropeaba / estropeó** el coche cuando **llegó / estaba llegando** a su casa.

4 Alberto **miró / estaba mirando** por la ventana cuando **vio / veía** a unos ladrones robando a una señora.

5 **Estábamos viendo / Vimos** las noticias cuando **llegaba / llegó** mi madre.

6 ¿**Hiciste / Estabas haciendo** los deberes cuando te **llamaba / llamé**?

7 Cuando **sonó / estaba sonando** el despertador de Lucía, yo me **duché / estaba duchando**.

8 **Estábamos esperando / Esperamos** el autobús cuando **pasó / estaba pasando** el coche de Luis y se paró.

9 **Estábamos viendo / Veíamos** la televisión cuando se **fue / estaba yendo** la luz.

10 Ana **estudiaba / estaba estudiando** cuando **sonó / estaba sonando** su móvil.

6 Imagínate que has oído unos disparos. Ahora contesta a las preguntas.

1 ¿Qué estabas haciendo cuando oíste los disparos?

2 ¿Cuántos disparos oíste?

3 ¿Te asomaste a la ventana?

4 ¿Viste a alguien?

5 ¿Qué estaba haciendo?

7 Ahora pregunta a tu compañero.

8 🔊Completa este diálogo utilizando la forma verbal correspondiente de los siguientes verbos . Después, escucha y comprueba.

oír • ver • pasar • ser (x3) • estudiar • salir

Arturo: ¿Te he contado lo que [1] .... el otro sábado?

Nuria: No. Cuéntamelo.

Arturo: Bueno, pues el sábado pasado [2] .... en mi habitación cuando [3] .... un disparo en la calle. [4] .... un ruido tremendo.

Nuria: ¿Y qué pasó luego?

Arturo: Mi hermano y yo [5] .... a la calle, pero no [6] .... nada.

Nuria: ¿Qué hora [7] ....?

Arturo: [8] .... las ocho de la tarde.

Nuria: Mira, hoy es sábado. Ya verás como a las ocho se oye otra vez el mismo ruido.

(Se oye un disparo).

Arturo: ¡Oye, es increíble! ¡Otra vez el mismo disparo!

Nuria: No es un disparo, Arturo. Son las fiestas del barrio y es el petardo que anuncia el comienzo de la feria.

9 Mira las siguientes ilustraciones y forma frases como en el modelo.

Estaba ... y entonces...

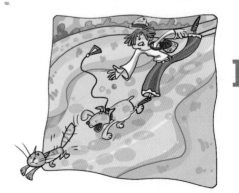

10 En parejas, elegid una de las ilustraciones y continuad la historia.

1 Relaciona las siguientes señales con su significado. Elige la opción verdadera.

a **Está prohibido / Es obligatorio** girar a la derecha.

b **Está prohibido / Es obligatorio** pararse.

c **Se puede / No se puede** aparcar.

d **Es obligatorio / No es obligatorio** el uso del cinturón de seguridad.

e **Se puede / No se puede** pisar el césped.

f Paso de cebra: **es obligatorio / no es obligatorio** ceder el paso a los peatones.

2 Indica qué significan las siguientes señales.

3 Lee la entrevista y completa los huecos con las siguientes palabras. Después, escucha y comprueba.

bolso • primo • bajo • ladrones • vaqueros

Policía: ¿Qué hora era cuando estabas paseando por el parque?

Jaime: Eran alrededor de las siete de la tarde. Venía de casa de mi [1] _____.

Policía: ¿Qué viste?

Jaime: Vi a dos [2] _____ robando a una señora.

Policía: ¿Qué estaban haciendo?

Jaime: Le estaban quitando el [3] _____.

Policía: ¿Cómo eran?

Jaime: Uno era alto y delgado y el otro era más [4] _____ y más gordo.

Policía: ¿Qué ropa llevaban?

Jaime: El alto llevaba [5] _____ y una chaqueta negra. El bajo llevaba un chándal azul.

4 Prepara una entrevista con tu compañero. Imaginad que habéis presenciado uno de los siguientes delitos.

• un robo en una tienda

• un robo de un coche

• un robo de un perro

1 🔊 **Completa la tabla con las siguientes palabras. Después, escucha y comprueba.**

~~transporte público~~ • ~~tráfico~~ • delincuencia • instalaciones deportivas
contaminación • ruido • centros de salud • grafitis • suciedad

Problemas – cosas negativas	*tráfico*
Cosas útiles – cosas positivas	*transporte público*

2 **Contesta a las preguntas del siguiente cuestionario.**

¿Qué problemas hay en TU CIUDAD?

1 **¿Hay mucho tráfico?**

a No, no hay mucho.

b Sí, sí hay pero no es un gran problema.

c Sí, hay mucho tráfico. Se necesita mejorar el transporte público.

2 **¿Hay mucha suciedad?**

a No, no hay mucha.

b Hay un poco, pero no es un problema importante.

c Sí, está muy sucia. Se necesitan más papeleras.

3 **¿Hay mucho ruido?**

a No, no hay mucho.

b A veces, por el tráfico.

c Hay mucho tráfico y mucha gente por las calles. Se necesitan más parques y menos coches.

4 **¿Hay mucha contaminación?**

a No, no hay mucha.

b A veces, pero no es un gran problema.

c Sí, hay mucha contaminación debido al tráfico y a las fábricas.

5 **¿Hay muchos grafitis?**

a Sí, hay algunos.

b Sí, hay bastantes en algunos barrios.

c Sí, hay muchos por toda la ciudad. Hay que educar a nuestros jóvenes para que cuiden su ciudad.

6 **¿Hay mucha delincuencia?**

a No, hay muy poca.

b Hay algo, pero no es un problema importante.

c Sí, sobre todo en algunos barrios. Se necesita más policía.

3 **Piensa en la ciudad en la que vives y completa las frases con el vocabulario del ejercicio 1.**

1 No hay mucha .... en mi ciudad. **2** El mayor problema es .... **3** Se necesita(n) más ....

4 **Compara y comenta tus respuestas con tu compañero.**

📋 LEER

1 🔊 **¿Has jugado alguna vez a «La herencia de la tía Ágata»? Lee y escucha la descripción de los personajes. ¿Quién crees que ganará su fortuna?**

La herencia de la tía *ÁGATA*

Alguien ha asesinado a la tía Ágata.

La tía Ágata se ha ido de entre nosotros para siempre y no queda ningún pariente suyo con vida. Sus riquezas han quedado a la disposición de uno de sus ocho amigos y empleados, que están ansiosos por escuchar la lectura de su testamento. Pero este dice que solo uno de ellos heredará su fabulosa fortuna.

Estos son cuatro de los personajes favoritos de la tía Ágata. ¿Quién es el asesino?

ROSENDO, EL JARDINERO. Ha pasado toda su vida cuidando del jardín de la tía Ágata. El día del asesinato de la tía Ágata estaba regando el jardín y plantando rosas.

LOLA, LA PELUQUERA. Lola esperaba algún día tener mucho dinero para abrir su propia peluquería. En el momento del asesinato estaba en un desfile de modelos.

ALFREDO, EL COCINERO. Su objetivo en esta vida es tener el mejor restaurante de España. En la cocina es un auténtico peligro, porque domina todos los sabores. El día del asesinato cocinó pato a la naranja.

FERMÍN, EL CHÓFER. Ha servido a la tía Ágata durante más de treinta años. Ahora que Ágata se ha ido, el sueño de Fermín es hacer un crucero. A la hora del asesinato estaba viendo por la tele el campeonato de Fórmula 1.

2 **Contesta a las siguientes preguntas.**

1 ¿Por qué va a heredar la fortuna de la tía Ágata uno de sus amigos o empleados?

2 ¿Qué estaba haciendo Rosendo cuando la tía Ágata murió?

3 ¿Dónde estaba Lola ese día?

4 ¿Qué comió la tía Ágata el día en el que murió?

5 ¿Cuánto tiempo ha trabajado Fermín para la tía Ágata?

🔊 ESCUCHAR

3 🔊 **Escucha la descripción de los otros cuatro amigos de la tía Ágata y completa las frases.**

1 El profesor de tenis es .... y ....

2 El día del asesinato .... en la piscina.

3 Cuando llegó la doctora era ....

4 Maruja siempre le contaba a la tía Ágata las ....

5 El día del asesinato estaba con la ....

6 Mariano siempre le regalaba a la tía Ágata .... y ....

💬 HABLAR

4 **Ahora comenta con tu compañero cuál de las ocho personas crees tú que es el asesino y por qué. Necesitarás utilizar las siguientes palabras. Búscalas en el diccionario.**

> coartada • sospechoso • inocente • culpable

Yo creo que el asesino ha sido ... porque...

✐ ESCRIBIR

5 Lee el suceso y contesta a las preguntas.

Sucesos _____ **EL DIARIO**

Detenidos seis menores por robar 30 portátiles en el instituto de Arucas

LAS PALMAS DE GRAN CANARIAS

Los hechos ocurrieron el pasado 27 de febrero cuando uno de los acusados, que estudia en el IES Arucas, dejó una ventana de la clase abierta para poder entrar más tarde. Después de saltar una valla, los ladrones entraron y se llevaron un total de 30 ordenadores portátiles. Al día siguiente, el equipo directivo del instituto comunicó el robo a la policía municipal de Arucas. Inmediatamente comenzaron a realizar una investigación y descubrieron un ordenador del instituto en la vivienda de uno de los alumnos del centro. Más tarde, detuvieron al menor.

Los policías encargados del caso continuaron con las investigaciones y días después identificaron a otros cinco alumnos, con edades comprendidas entre los 15 y los 17 años, que también participaron en el robo, y los detuvieron a todos. La policía ha recuperado hasta el momento 14 de los 30 ordenadores robados, y continúa con las investigaciones para encontrar los otros 16.

Adaptado de *www.laprovincia.es*

1 ¿Quién preparó el robo?   2 ¿Dónde apareció el primer ordenador?   3 ¿Cuántos participaron en el robo?

6 Traduce estas frases a tu idioma.

1 **Primero** abrió una ventana.

2 **Después** saltó una valla.

3 **Más tarde** entró al instituto.

4 **Por último** robó unos ordenadores portátiles.

7 Ordena las frases siguientes. Une las frases con *primero, después, más tarde* y *por último*.

• Llamamos a la ambulancia.

• Nos asomamos a la ventana y vimos a la mujer tendida en la calle.

• Cuando llegó la ambulancia, la mujer ya estaba muerta.

• Oímos unos disparos.

8 Escribe una historia o noticia con las respuestas de las siguientes preguntas. No te olvides de utilizar correctamente los tiempos verbales y une las distintas frases con las expresiones de tiempo correspondientes.

¿Cuándo empezó la historia?

¿Dónde sucedió?

¿Quiénes son los protagonistas?

¿Qué estaban haciendo?

¿Qué pasó?

¿Cómo acabó?

1 ¿Has oído hablar alguna vez de Cervantes? ¿Sabes cuál es su obra más importante?

2 Lee y escucha el texto y contesta a las preguntas.

Don Quijote y Sancho Panza

Miguel de Cervantes

Don Quijote de la Mancha es el más importante protagonista de la obra universal de Cervantes. El hidalgo* tenía unos cincuenta años y era seco y testarudo. Le gustaba levantarse muy temprano. Don Quijote leyó tantos libros de caballerías que, al fin, no tuvo ningún otro deseo que el de ser un caballero él mismo. Por eso se construyó su armadura y se dio un nombre nuevo: don Quijote de la Mancha. Su caballo era viejo y delgado. Lo llamó Rocinante.

Don Quijote quiso encontrar una dama para quererla e impresionarla, como lo hicieron otros caballeros. Pensó que un caballero sin amor es como un árbol sin fruto o un cuerpo sin alma. Se alegró cuando supo a quién dar el nombre de su dama. En un lugar cerca del suyo vivía una chica, de quien se enamoró y la llamó Dulcinea del Toboso. Habló con su vecino Sancho Panza, que era un campesino bastante grueso, y este prometió que lo acompañaría siempre.

* hidalgo: persona de la categoría inmediatamente a la de los nobles.

De esta manera —con su armadura, con Rocinante y teniendo los pensamientos en su dama— él y Sancho Panza se fueron a caballo y en asno para hacer lo que leyó de los caballeros y para buscar aventuras.

En el texto se ve que don Quijote era muy sensible y que tenía un carácter muy especial. Era inteligente y sabía dar explicaciones a todo. Expresaba sus ideas y las compartía con Sancho.

Sancho Panza era como un niño. Había que decirle lo que tenía que hacer. Era inocente y muy inseguro. Se dejó influir por don Quijote, pero era de buena fe y muy bondadoso también.

Y así, estos dos personajes recorren los caminos de España en busca de aventuras de las que han disfrutado los lectores de esta gran obra.

1 ¿Quién escribió *Don Quijote de la Mancha*?

2 ¿Por qué don Quijote se convirtió en caballero?

3 ¿Qué era Rocinante?

4 ¿Quién era Dulcinea del Toboso?

5 ¿Quién era Sancho Panza?

6 ¿Cuáles son las características fundamentales del carácter de don Quijote? ¿Y de Sancho Panza?

Reflexión y evaluación

1 Completa las siguientes definiciones.

1 El lugar donde se juzga es el ....

2 La persona que mantiene el orden y la seguridad de los ciudadanos es el ....

3 El acto de quitar a alguien lo que le pertenece es un ....

4 La persona a quien se culpa de un delito es un ....

5 La persona que ve una acción criminal es un ....

6 El lugar donde se encierra a los criminales es la ....

7 La persona que defiende en un juicio a un acusado es el ....

8 La persona que decide si el acusado es culpable o inocente es el ....

2 Completa en pasado con la estructura *estaba* + gerundio. Utiliza los verbos que están entre paréntesis.

1 ¿Qué .... (hacer / tú) a las nueve de la noche?

2 Nosotros .... (estudiar) en la biblioteca ayer por la tarde.

3 Amanda .... (hablar) por teléfono con Alba.

4 ¿Por qué .... (llorar / vosotros) ayer?

5 Los profesores .... (bailar) en la sala de profesores.

6 Yo .... (dormir) a las once de la noche.

3 Ordena las frases.

1 parque / estaban / el / niños / jugando / en / los

2 ¿ / haciendo / qué / hermanos / estaban / tus / ?

3 en / estaba / piscina / la / Marta / nadando

4 estábamos / televisión / nosotros / no / la / viendo

5 ¿ / participando / la / estaba / carrera / gente / cuánta / en

6 el / estaba / yo / autobús / esperando

4 Completa el diálogo con pretérito indefinido o *estaba* + gerundio.

Blanca: ¿Con quién [1] .... (bailar / tú) en la fiesta?

Raquel: Yo [2] .... (no bailar).

Blanca: Sí, yo te [3] .... (ver). Tú [4] .... (hablar) con un chico moreno.

Raquel: ¡Ah!, te refieres a Manuel. Él es el amigo de Jorge. Le [5] .... (conocer) en la fiesta de Nochevieja.

Blanca: Pues es el novio de mi hermana y vosotros os [6] .... (besar) cuando [7] .... (entrar) mi hermana.

5 Relaciona las palabras con sus definiciones.

tráfico • delincuencia • contaminación • suciedad • grafiti

1 Polvo, manchas, grasa o cualquier otra cosa que ensucia.

2 Desplazamiento de medios de transporte.

3 Hecho de cometer uno o varios delitos.

4 Pintada en una pared de un texto o una imagen y que intenta transmitir un mensaje.

5 La presencia de sustancias tóxicas en el medioambiente.

Autoevaluación

MIS RESULTADOS EN ESTA UNIDAD SON:

✌ Muy buenos

👍 Buenos

👎 No muy buenos

ⓘ Ahora puedes hacer el Proyecto 3 (páginas 124-125)

Anexo

LA MÚSICA

1 En grupos, elegid un tipo de música y completad la siguiente ficha.

Tipo de música:
Época:
Orígenes:
Instrumentos principales:
Cantante / Grupo más representativo:

2 Preparad una entrevista para hacer al cantante o grupo que hayáis señalado en el ejercicio anterior y representadla ante la clase.

- ¿De dónde es?
- ¿Cuánto tiempo lleva dedicándose a la música?
- ¿Cuál fue su primer éxito?
- ¿Qué está haciendo en este momento?
- ¿Qué planes tiene para el futuro?

3 Elaborad un póster anunciando el próximo concierto en vuestra ciudad del grupo o cantante elegido. No os olvidéis de la siguiente información:

- ¿Dónde es el concierto?
- Día y hora
- Precio
- ¿Dónde se pueden adquirir las localidades?
- Fotos y dibujos de los artistas

4 En parejas, preparad distintas conversaciones telefónicas para organizar vuestra asistencia al concierto y representadlas ante la clase.

- Organizad la compra de entradas
- Cómo vais a ir al concierto
- A qué hora vais a quedar
- Cómo vais a volver

AMA
GIRA NOCTURNAL
LO QUE NOS MA
AUDITORIO MÁLAGA
SÁBADO 18 DE JUNIO

RAL

IENE UNIDOS

AMARAL

MUNICIPAL

ENTRADAS EN TAQUILLAS WWW.AMARAL.ES

ANTICIPADA: 25 € + GASTOS   TAQUILLA: 30 €

MI PROGRESO [unidades 1, 2 y 3]

Completa tu autoevaluación señalando tu nivel de adquisición en las distintas habilidades.

Muy bien = **1**   Regular = **3**
Bien = **2**   Tengo que mejorar = **4**

ESCUCHAR
- Soy capaz de escuchar una audición y obtener información específica.
- Puedo entender detalles concretos en una conversación telefónica.
- Sé obtener datos de una entrevista para completar una ficha.

LEER
- Soy capaz de leer e interpretar un cuestionario sobre hábitos personales.
- Puedo leer y comprender información para la preparación de un viaje.
- Soy capaz de leer y comprender biografías sencillas de personajes famosos.

COMUNICACIÓN
- Sé mantener una sencilla conversación telefónica para quedar con un amigo.
- Puedo hacer sugerencias a un amigo para salir juntos y pedir permiso a mis padres.
- Soy capaz de entrevistar a un compañero sobre qué hizo, dónde, cuándo... en una fecha determinada.

HABLAR
- Puedo informar a mis compañeros sobre lo que me gusta hacer los fines de semana.
- Soy capaz de hablar sobre mis planes para un futuro próximo.
- Puedo contar mi propia biografía.

ESCRIBIR
- Puedo escribir sobre lo que hago los fines de semana, utilizando adverbios de frecuencia.
- Soy capaz de preparar un cartel para animar a mis compañeros a realizar un viaje en grupo.
- Sé escribir una biografía sencilla sobre un personaje famoso, utilizando los marcadores temporales.

LOS PAÍSES QUE HABLAN ESPAÑOL

1 Elegid un país de habla hispana y buscad información sobre:

- Número de habitantes
- Situación geográfica
- Datos históricos más relevantes
- Capital y ciudades más importantes
- Ciudadanos más destacados

2 Elaborad un póster sobre el país elegido.

3 Escribid un cuestionario dirigido a vuestros compañeros de clase preguntando sobre los aspectos generales de dicho país.

4 Presentad ante la clase el póster y comentad toda la información que aportéis.

5 Buscad información sobre uno de los personajes del país elegido.

6 En parejas, realizad una entrevista al personaje anterior y representadla ante la clase.

Valparaíso, Chile

Carnaval, Cartagena de Indias

La Habana, Cuba

Salto Ángel, Venezuela

Bogotá, Colombia

Empanadas argentinas

Mujer peruana tejiendo

Sombreros panameños

Flamenco, España

MI PROGRESO [unidades 4, 5 y 6]

Completa tu autoevaluación señalando tu nivel de adquisición en las distintas habilidades.

Muy bien = **1**   Regular = **3**
Bien = **2**   Tengo que mejorar = **4**

ESCUCHAR
• Puedo escuchar una entrevista para extraer información específica.
• Soy capaz de escuchar un programa informativo sobre una ciudad para extraer datos concretos sobre ella.
• Puedo escuchar y completar instrucciones y consejos para preparar una maratón.

LEER
• Puedo leer y entender información sobre la escuela en España.
• Soy capaz de leer y contestar a un cuestionario sobre una ciudad.
• Puedo entender un artículo sencillo sobre información para la salud.

COMUNICACIÓN
• Soy capaz de expresar y pedir opinión sobre actividades de tiempo libre.
• Puedo pedir y dar instrucciones para ir a un lugar.
• Sé preguntar y expresar cómo me siento físicamente.

HABLAR
• Sé hacer preguntas sencillas sobre la educación de mi país.
• Soy capaz de contestar a preguntas sobre mi ciudad.
• Puedo hacer una entrevista a mi compañero sobre la práctica de deportes y actividades de tiempo libre.

ESCRIBIR
• Soy capaz de escribir un texto sobre mi colegio: compañeros, asignaturas, horarios...
• Puedo escribir un correo electrónico a un amigo, desde mi lugar de vacaciones, contándole lo que hago habitualmente.
• Puedo elaborar una encuesta sobre hábitos de salud.

TODOS CONTRA
LA CONTAMINACIÓN

1 Busca la información necesaria para contestar a estas preguntas.

1 ¿Cuáles son las principales causas de la contaminación en nuestras ciudades?

2 ¿Qué sabes sobre la capa de ozono?

3 ¿Por qué se produce el efecto invernadero?

4 ¿Cómo podemos ahorrar agua?

5 ¿Qué sucederá si seguimos talando árboles indiscriminadamente?

2 Elabora un póster con diez consejos para conseguir reducir la contaminación y conservar el medioambiente.

3 Muestra tu póster a tus compañeros y explícales qué puede hacer una persona de vuestra edad para conservar la naturaleza.

4 En parejas, preparad una conversación sobre la contaminación en vuestra ciudad. ¿Por qué sucede? ¿Cómo puede evitarse? Presentad vuestras conclusiones al resto de la clase.

MI PROGRESO [unidades 7, 8 y 9]

Completa tu autoevaluación señalando tu nivel de adquisición en las distintas habilidades.

Muy bien = **1**   Regular = **3**
Bien = **2**   Tengo que mejorar = **4**

ESCUCHAR
• Soy capaz de entender un programa de radio y completar información.
• Puedo extraer información específica de una entrevista sobre animales en peligro de extinción.
• Soy capaz de entender información sencilla sobre personajes en un juego.

LEER
• Puedo comprender un texto sencillo sobre los jóvenes y las nuevas tecnologías.
• Soy capaz de leer y entender información sobre la conservación del medioambiente.
• Puedo leer y seguir las instrucciones de un juego.

COMUNICACIÓN
• Puedo mantener una conversación con un amigo para hacer sugerencias para comprar un regalo de cumpleaños a un compañero.
• Soy capaz de expresar y preguntar sobre intenciones y opiniones.
• Sé intercambiar información sobre un hecho del que he sido testigo.

HABLAR
• Puedo decir para qué utilizo el ordenador y el móvil.
• Sé expresar opiniones sobre el futuro de nuestro planeta.
• Soy capaz de hacer suposiciones.

ESCRIBIR
• Sé escribir la descripción de un amigo.
• Soy capaz de escribir un texto informativo, organizando la información en párrafos temáticos.
• Puedo escribir una noticia utilizando correctamente los tiempos verbales del pasado.

Vocabulario

UNIDAD 1 ¿En casa o con los amigos?

VOCABULARIO DE LA UNIDAD

Actividades de tiempo libre

- ir al cine
- hacer deporte
- navegar por internet
- jugar al ajedrez
- salir con amigos
- jugar al tenis
- tocar el piano
- cantar en un coro
- ir a correr
- ver la tele

Verbos

- nadar
- cocinar
- salir
- dibujar
- escribir
- cantar
- beber
- correr

■ **Para comunicarme**

1 ¿Sí, dígame?

2 Hola, soy Luisa. ¿Está Juan, por favor?

3 Sí, espera un momento.

4 ¿Qué haces en tu tiempo libre?

5 A mí me gusta mucho ir al cine.

6 A mis amigos y a mí no nos gustan nada las películas de terror.

7 ¿Te vienes a mi casa a estudiar?

8 Sí, voy después de comer.

VOCABULARIO EXTRA

1 Relaciona las siguientes expresiones con las fotos. Después, tradúcelas.

> hacer senderismo • ir al parque de atracciones • tocar la guitarra • esquiar
> ir a clases de chino • ver la televisión • ir a un concierto • hacer *windsurf*
> jugar a las cartas • hacer manualidades • ir de compras • visitar a la familia

2 ¿Qué hacen las personas de tu familia en su tiempo libre? Escribe seis frases.

A mi hermano le gusta mucho jugar al fútbol.

VOCABULARIO DE LA UNIDAD

El tiempo atmosférico

- hace calor
- hace frío
- está nublado
- hay tormenta
- hace buen tiempo
- hace sol
- hay niebla
- está lloviendo
- hace viento
- está nevando
- hace frío

■ Para comunicarme

1 ¿Qué tiempo hace hoy?
2 Está lloviendo.
3 ¿Qué vas a hacer el domingo?
4 Voy a ir al cine.
5 ¿Te vienes conmigo al parque?
6 Lo siento, no puedo, tengo que estudiar.
7 ¿Puedo ir de excursión el domingo con mis amigos?
8 Sí, claro, no hay problema.
9 ¿Dónde está mi mochila?
10 No sé, no la veo.

Fenómenos y desastres naturales

- terremoto
- incendio
- tornado
- inundación
- rayo
- granizada

Geografía y paisaje

- continente
- playa
- océano
- desierto
- costa
- valle
- volcán
- montaña
- península
- isla
- río
- lago
- mar

Adjetivos

- bonito/-a
- afortunado/-a
- precioso/-a
- antiguo/-a
- aburrido/-a
- divertido/-a
- interesante
- peligroso/-a
- frío/-a
- caluroso/-a
- mucho/-a
- poco/-a
- paradisíaco/-a
- primaveral
- volcánico/-a

VOCABULARIO EXTRA

1 Relaciona las siguientes palabras con las fotos. Después, tradúcelas.

fiordo • iceberg • selva • acantilado • península • pantano
valle • continente • bahía • catarata • sabana • estrecho

2 Escribe seis frases describiendo la geografía de tu país.

En mi país están las islas Canarias.

VOCABULARIO DE LA UNIDAD

Acontecimientos de la vida

- nacer
- ir al colegio
- ir a la universidad
- acabar los estudios
- encontrar trabajo
- aprender a conducir
- comprar un coche
- casarse
- tener hijos

Verbos

- vivir
- trabajar
- comprometerse
- terminar
- visitar
- comer
- ver
- ser
- leer
- estudiar
- hacer
- acabar
- salir
- estar

El mundo del arte y de la cultura

LUGARES
- teatro
- plató de cine / televisión
- sala de conciertos
- librería
- taller de pintura
- academia de baile
- sala de exposiciones

PROFESIONES
- cantante
- director(a)
- músico/-a
- pintor(a)
- actor / actriz
- bailarín(a)
- novelista
- cámara

Marcadores de tiempo

- ayer
- anoche
- hace 48 horas
- el fin de semana pasado
- el verano pasado
- hace mucho tiempo
- hace tres días
- el año pasado

Interrogativos

- ¿Dónde?
- ¿Cuándo?
- ¿Con quién?
- ¿Cómo?
- ¿Por qué?
- ¿Para qué?
- ¿Qué?
- ¿A qué hora?
- ¿A quién?

■ Para comunicarme

1 ¿Dónde naciste?
2 Nací en Sevilla.
3 ¿Dónde estuviste ayer?
4 ¿Cuándo aprendiste a leer?
5 ¿Con quién fuiste a la exposición?
6 Fui con mis compañeros de clase.
7 ¿A qué hora fuiste al taller de pintura?
8 ¿Cómo fuiste al concierto?
9 Fui en autobús.

VOCABULARIO EXTRA

1 Relaciona las siguientes palabras con las fotos. Después, tradúcelas.

> concierto de música clásica • escultura • cuadro • exposición
> acuario • conferencia • concierto de rock • catedral

2 Piensa cuándo fuiste la última vez a una actividad cultural y escribe frases diciendo qué hiciste, cuándo y con quién.

Fui al teatro.
Fui el domingo pasado.
Fui con mis hermanos.

VOCABULARIO DE LA UNIDAD

En la escuela

- curso
- trimestre
- examen
- deberes
- libro de texto
- cuaderno de ejercicios
- ordenador
- tiza
- borrador de la pizarra
- sacapuntas

Centros de estudio

- escuela infantil
- escuela de primaria
- instituto
- universidad

Partes del colegio

- gimnasio
- biblioteca
- laboratorio
- aula
- cafetería
- taller de tecnología
- patio
- salón de actos
- secretaría
- sala de profesores

Adjetivos

- difícil
- fácil
- aburrido/-a
- divertido/-a
- interesante
- educativo/-a

Nacionalidades

- polaco/-a
- rumano/-a
- canadiense
- ucraniano/-a
- británico/-a
- francés(a)
- japonés(a)
- neozelandés(a)
- croata
- brasileño/-a
- peruano/-a
- marroquí
- estadounidense
- australiano/-a
- ecuatoriano/-a
- sudafricano/-a
- argentino/-a
- español(a)
- chino/-a
- italiano/-a
- portugués(a)
- chileno/-a

Idiomas

- español
- inglés
- mandarín
- árabe
- francés
- polaco
- rumano
- ucraniano
- croata
- portugués
- japonés
- italiano

■ **Para comunicarme**

1 ¿Tú qué opinas sobre…?

2 ¿Qué piensas de…?

3 ¿Estás de acuerdo con…?

4 Yo creo que…

5 Sí, estoy de acuerdo.

6 No, no estoy de acuerdo.

7 Yo también.

8 Yo tampoco.

9 Tienes razón.

10 ¿A qué hora empiezan y terminan las clases?

11 ¿Cuántas clases tienes cada día?

12 ¿Cuál es tu asignatura favorita y por qué?

13 ¿Por qué te gusta ir al colegio?

VOCABULARIO EXTRA

1 Relaciona las siguientes expresiones con las fotos. Después, tradúcelas.

tener clase de Educación Física • hacer un examen • jugar en el patio
trabajar en grupo • salir a la pizarra • sacar libros de la biblioteca
hacer una presentación • ir al laboratorio de Física • participar en clase

2 ¿Qué actividades te gustaban hacer en Primaria? ¿Y cuáles no te gustaban? Escribe frases.

En Primaria me gustaba mucho la clase de Educación Física y no me gustaban nada las Matemáticas.

VOCABULARIO DE LA UNIDAD

Medios de transporte

- autobús
- camión
- bicicleta
- furgoneta
- taxi
- moto
- tren
- metro
- coche
- avión
- barco
- helicóptero
- tranvía

En la ciudad

- cruzar
- peatón
- señal de tráfico
- paso de cebra
- cruce
- acera
- puente
- semáforo
- atasco
- parada de autobús

Verbos

- montar
- respetar
- usar
- llevar
- pasar
- adelantar
- chocar
- conducir
- abrir
- cerrar
- ir
- venir
- hablar
- poner
- decir
- salir

Expresiones de lugar

- al lado de
- en
- enfrente
- entre
- cerca de
- al final de

Viajar

- hotel
- albergue
- equipaje
- viaje organizado
- pasaporte
- entrada
- visita turística
- excursión
- guía turístico

■ **Para comunicarme**

1 Cierra la puerta, por favor.

2 No pongas la música tan alta.

3 En mi ciudad hay una estación de tren.

4 En mi pueblo no hay centros comerciales.

5 ¿Cuántos estadios de fútbol hay en tu ciudad?

6 ¿Hay dinero en la caja?

7 La parada de autobús está al lado de la farmacia.

8 ¿Puedes decirme cómo se va a…?

9 Sigue todo recto.

10 Tuerce a la derecha / izquierda.

11 ¿Cómo prefieres viajar: en tren, en avión o en barco?

12 ¿Qué equipaje llevas normalmente de vacaciones?

VOCABULARIO EXTRA

1 Relaciona las siguientes palabras con las fotos. Después, tradúcelas.

estación de metro • parada de taxi • estación de tren • aeropuerto
museo • buzón • estación de autobuses • parque • gasolinera

2 Escribe seis frases sobre los servicios que hay y que no hay en tu ciudad.

En mi ciudad hay dos estaciones de tren.
En mi ciudad no hay aeropuerto.

VOCABULARIO DE LA UNIDAD

Adjetivos de ánimo

- cansado/-a
- enfermo/-a
- enamorado/-a
- preocupado/-a
- de buen humor
- nervioso/-a
- tranquilo/-a
- feliz

Salud

- tener estrés
- hacer ejercicio
- caminar con frecuencia
- tener problemas de visión
- comer fruta y verdura
- ponerse protección solar
- tener problemas de espalda
- ir al dentista

Enfermedad

- doler la cabeza
- doler la garganta
- doler la espalda
- doler el estómago
- doler los pies
- tener frío
- tener fiebre
- tener sed
- tener hambre
- tener calor
- tener tos
- estar cansado/-a

Verbos reflexivos

- enfadarse
- despertarse
- ducharse
- caerse
- dormirse
- romperse
- cortarse
- disfrazarse
- ponerse
- vestirse
- divertirse
- dormirse
- levantarse

■ Para comunicarme

1 ¿Qué te pasa?

2 Me duele la cabeza.

3 Me duelen los oídos.

4 Estoy muy cansada.

5 Tengo hambre.

6 No me siento bien.

7 Deberías comer algo.

8 Creo que tienes razón.

9 ¿Qué te ha pasado?

10 ¿Te encuentras bien?

11 No mucho, la verdad.

12 ¿Llevas una dieta sana?

VOCABULARIO EXTRA

1 Relaciona las siguientes expresiones con las fotos. Después, tradúcelas.

ir a la montaña • estar resfriado • tener estrés • dormir ocho horas • no tomar el sol
comer sano • correr media maratón • estar obeso • beber un litro de agua diario

2 ¿Qué has hecho esta semana para llevar una vida saludable? Escribe seis frases.

Esta semana he ido andando al instituto.

VOCABULARIO DE LA UNIDAD

Carácter

- simpático/-a
- educado/-a
- tranquilo/-a
- optimista
- perezoso/-a
- triste
- aburrido/-a
- tímido/-a
- nervioso/-a
- alegre
- antipático/-a
- divertido/-a
- sociable
- pesimista
- activo/-a
- maleducado/-a
- activo/-a
- educado/-a

Verbos

- presentar
- prestar
- enseñar
- preparar
- traer
- llevar
- corregir
- arreglar
- recomendar
- explicar
- enviar
- devolver
- dejar
- preparar

Relaciones personales

- reunirse
- olvidar
- aprovechar el tiempo
- comunicarse
- pasar (tiempo)
- relacionarse
- echar de menos
- participar en
- perder el tiempo
- parecerse
- regalar

Comunicación

- chat
- chatear
- grupo de chat
- foro
- wasap
- wasapear
- mensajería instantánea
- mensaje
- teléfono móvil

■ Para comunicarme

1 ¿Cómo es el carácter de tu hermano?

2 ¿Cómo es físicamente?

3 ¿Qué te han regalado para tu cumpleaños?

4 Me han regalado un móvil.

5 ¿Le has enviado las fotos a tu amigo Javier?

6 Sí, ya se las he enviado.

7 ¿Vamos al cine esta tarde?

8 ¿Por qué no cenamos en un restaurante japonés?

9 ¿Y qué tal si hacemos la fiesta en mi casa?

10 Vale.

11 No estoy seguro.

12 No sé.

13 Es una buena idea.

VOCABULARIO EXTRA

1 Relaciona las siguientes expresiones con las fotos. Después, tradúcelas.

formar parte de un coro • reunirse con los amigos • ir a clase de zumba
trabajar en equipo • viajar con amigos • formar parte de un equipo de baloncesto
ensayar en un grupo de música • celebrar un cumpleaños • ir a clases de pintura

2 ¿Qué hacen tus amigos en su tiempo libre? Escribe seis frases.

Javier va a clases de pintura.

VOCABULARIO DE LA UNIDAD

Medioambiente

Verbos
- malgastar
- contaminar
- proteger
- reciclar
- defender
- ahorrar
- alterar
- reutilizar
- evitar
- tirar
- gastar
- apagar
- transformar
- cerrar
- desconectar
- encender
- consumir

Nombres
- cubo de los desperdicios
- basura
- bolsa de plástico
- latas
- papel
- botellas
- ropa
- aire

- agua
- transporte público
- lavadora
- congelador
- horno eléctrico
- microondas
- calefacción
- aire acondicionado
- bombillas de bajo consumo

- electricidad
- energía
- contaminación
- ecología
- planeta

Verbos
- vivir
- cortar
- destruir
- encontrar
- funcionar
- cuidar
- trabajar
- provocar
- colaborar
- venir

Animales
- lince
- pingüino
- gorila
- águila
- sapo
- pato colorado
- abeja
- oso polar
- rebeco
- oso panda
- rinoceronte
- urogallo
- cigüeña negra
- ballena
- oso pardo
- rana
- tortuga

■ Para comunicarme

1 ¿Qué haces en tu casa para ahorrar energía?

2 ¿Cómo puedes ahorrar energía con…?

3 Dentro de diez años habrá nuevas fuentes de energía.

4 ¿Qué harás si apruebas el curso?

5 Si apruebo el curso, me iré de vacaciones a la playa.

6 ¿Qué podrás hacer si…?

7 ¿Qué debes hacer con el ordenador cuando no lo estás usando?

8 ¿Por qué hay que…?

9 ¿Por qué tiene que…?

10 ¿A ti (no) te gustaría…?

11 A mí (no) me gustaría…

12 Yo creo que…

13 Me molesta…

14 ¿De qué se alimenta?

15 ¿Qué peligros lo acechan?

VOCABULARIO EXTRA

1 Relaciona las siguientes palabras con las fotos. Después, tradúcelas.

tapones • pilas • latas • ropa • neumáticos
aceite • bolsas de plástico • brik • cartones
botellas de plástico • vidrio • electrodomésticos

2 ¿Qué haces para no contaminar? ¿Y para ahorrar energía? Escribe seis frases.

Apago siempre las luces.

VOCABULARIO DE LA UNIDAD

Delitos

NOMBRES		VERBOS
• cárcel	• inocente	• matar
• juez(a)	• criminal	• asesinar
• juzgado	• ladrón(a)	• robar
• asesinato	• coartada	• disparar
• comisaría	• sospechoso/-a	• quitar
• testigo		• juzgar
• robo		• culpar
• policía		• detener
• abogado/-a		• investigar
• acusado/-a		• llevarse
• culpable		• recuperar

Problemas

• tráfico	• ruido
• delincuencia	• grafiti
• contaminación	• suciedad

Conectores

• primero	• más tarde
• después	• por último

■ **Para comunicarme**

1 ¿Qué estaba haciendo Manuel?

2 Estaba leyendo el periódico.

3 ¿Qué estabas haciendo ayer a las ocho de la mañana?

4 Estaba desayunando y entonces llamaron a la puerta.

5 ¿Te he contado lo que pasó el sábado?

6 No, cuéntamelo.

7 ¿Y qué pasó luego?

8 ¡Oye, es increíble!

9 ¿Qué viste?

10 ¿Cómo eran?

11 ¿Qué ropa llevaban?

12 Es obligatorio el uso del cinturón de seguridad.

13 Se puede aparcar.

14 Está prohibido girar a la derecha.

VOCABULARIO EXTRA

1 Relaciona las siguientes palabras con las fotos. Después, tradúcelas.

instalación deportiva • carril bici • tráfico • espacios verdes planta de reciclaje • fuente • transporte público auditorio • contaminación • aparcamiento

2 ¿Qué problemas hay en tu ciudad? Escribe seis frases.

En mi ciudad hay mucha contaminación.

Resumen gramatical

1 NOMBRES

Género: masculino y femenino

- En español los nombres de las cosas son de género masculino o femenino.

masculino	femenino
el *bolígrafo*	**la** *mesa*
el *libro*	**la** *casa*

- Generalmente son palabras **masculinas** las que acaban en -o, -aje, -or, -ma.

  el *teléfon**o**, **el** *paisa**je**, **el** *rotulad**or**, **el** *proble**ma**, **el** *idio**ma***

- Generalmente son palabras **femeninas** las que acaban en -a, -ora, -ción, -sión, -dad, -eza, -ura.

  la *ventan**a**, **la** *calculad**ora**, **la** *habita**ción**, **la** *televi**sión**, **la** *ciu**dad**, **la** *natural**eza**, **la** *verd**ura***

- Los nombres referidos a personas o animales tienen los dos géneros.

  el *pint**or**   **la** *pint**ora***
  el *gat**o**   **la** *gat**a***

- Algunos nombres de animales solo tienen un género.

  la *ballena*
  el *delfín*
  la *araña*

Nombres de profesiones

masculino	femenino
camarero	camarera
pintor	pintora
cantante	cantante
taxista	taxista
actor	actriz
médico	médico / médica

Número: singular y plural

- Para formar el **plural**, se añade **-s** a los nombres que terminan en vocal. Se añade **-es** a los nombres que terminan en consonante.

  *el libr**o**   los libro**s***
  *el láp**iz**   los lápic**es***

2 ADJETIVOS CALIFICATIVOS

- Los adjetivos toman el género y número del nombre al que acompañan.

  el *gato* **blanco**   **la** *gata* **blanca**
  los *gatos* **blancos**   **las** *gatas* **blancas**

- Otros adjetivos solo tienen dos formas, una para el singular y otra para el plural.

inteligente	*inteligentes*
marrón	*marrones*
japonés	*japoneses*
optimista	*optimistas*

3 DEMOSTRATIVOS

		singular		plural	
masculino		este		estos	
		ese	chico	esos	chicos
		aquel		aquellos	
femenino		esta		estas	
		esa	chica	esas	chicas
		aquella		aquellas	
neutro		esto			
		eso			
		aquello			

- Se utilizan para señalar cosas y personas a diferentes distancias.

  Este *coche es más caro que* **aquel**.

- Los demostrativos toman el género y número del nombre al que acompañan.

  este *gat**o**   **esta** *gat**a***
  estos *gatos*   **estas** *gat**as***

- Utilizamos los pronombres neutros *esto, eso, aquello* cuando nos referimos a una idea, a algo que no es un objeto concreto, que no se conoce o que no se ha mencionado anteriormente.

  Toma, **esto** *es para ti.*

- Los **demostrativos** pueden funcionar como adjetivo (*Me gusta ese* <u>coche</u>) o como pronombre (*A mí me gusta* **ese**).

4 PRONOMBRES PERSONALES

Pronombres sujeto

yo
tú
él / ella / usted
nosotros / nosotras
vosotros / vosotras
ellos / ellas / ustedes

● En español no es obligatorio el uso de los pronombres suje-to. Solo se utilizan en caso de ambigüedad.

> ● *¿Sois italianas?*
> ■ *No, **yo** soy francesa y **ella** es española.*

Pronombres con preposición

	mí
	ti
a, de, para +	él / ella / usted
	nosotros/-as
	vosotros/-as
	ellos / ellas / ustedes

*Este regalo es **para mí**, no **para ti**.*

Pronombres de objeto directo e indirecto

	O. directo	O. indirecto
(yo)	me	me
(tú)	te	te
(él / ella / Ud.)	lo / la	le (se)
(nosotros/-as)	nos	nos
(vosotros/-as)	os	os
(ellos / ellas / Uds.)	los / las	les (se)

Objeto directo

● *¿Conoces a la <u>profesora de gimnasia</u>?*

■ *No, no **la** conozco, ¿cómo es?*

*Juan **te** espera en la puerta del cine. (a ti)*

Objeto indirecto

● *¿Le has dado el diccionario <u>a la profesora</u>?*

■ *Sí, ya ~~le~~ lo he dado.*
      se

Pronombres reflexivos

(yo)	me	ducho
(tú)	te	duchas
(él / ella / Ud.)	se	ducha
(nosotros/-as)	nos	duchamos
(vosotros/-as)	os	ducháis
(ellos / ellas / Uds.)	se	duchan

● Se utilizan con los verbos llamados «reflexivos» y «recípro-cos»: *peinarse, ducharse, quedarse, mirarse, pelearse.*

*Laura **se levanta** a las seis y **se acuesta** a las once y media.*
*Mis padres **se casaron** en 1978.* (mi padre y mi madre)

Verbo *gustar*

(a mí)	me	
(a ti)	te	
(a él / ella / Ud.)	le	gusta / gustan
(a nosotros/-as)	nos	
(a vosotros/-as)	os	
(a ellos / ellas / Uds.)	les	

● Normalmente va con un pronombre de objeto indirecto para indicar quién recibe el gusto. Se puede duplicar el objeto indirecto.
Me gustan las verduras. (a mí)
<u>A mi padre</u> **le** gusta el fútbol. (a mí)

● Suele ir acompañado de cuantificadores.
*Me gusta **mucho** salir con amigos.*
*Me gusta **bastante** ver la tele.*
***No** me gusta **mucho** bailar.*
***No** me gusta **nada** ir de compras.*

● Muchos verbos se utilizan siempre con los pronombres ante-riores: *encantar, molestar, doler, apetecer...*

> *A Roberto **le encanta** ir a los conciertos de música hip-hop.*

5 POSESIVOS

	singular	plural
(yo)	mi	mis
(tú)	tu	tus
(él / ella / Ud.)	su	sus
(nosotros/-as)	nuestro/-a	nuestros/-as
(vosotros/-as)	vuestro/-a	vuestros/-as
(ellos / ellas / Uds.)	su	sus

*¿Dónde está **mi** bolígrafo?*
*¿**Tus** padres viven aquí?*

singular		plural	
masculino	femenino	masculino	femenino
(el) mío	(la) mía	(los) míos	(las) mías
(el) tuyo	(la) tuya	(los) tuyos	(las) tuyas
(el) suyo	(la) suya	(los) suyos	(las) suyas
(el) nuestro	(la) nuestra	(los) nuestros	(las) nuestras
(el) vuestro	(la) vuestra	(los) vuestros	(las) vuestras
(el) suyo	(la) suya	(los) suyos	(las) suyas

- *Mi padre es muy alto.*
■ *Sí, pero **el mío** es más alto que **el tuyo**.*

- Los **posesivos** pueden funcionar como adjetivo *(un amigo **mío** / **mi** amigo)* o como pronombre *(es **mío**).*

- Se utilizan para establecer una relación con el propietario.
  *He perdido **mi** mochila.*

- Los adjetivos toman el género y número del nombre al que acompañan.

nuestro *gato*   **nuestra** *gata*
nuestros *gatos*   **nuestras** *gatas*

6 LA COMPARACIÓN

Con adjetivos

*Julia es **más alta que** David.*
*Julia es **menos simpática que** David.*
*Julia es **tan trabajadora como** David.*

Con verbos

*Julia **estudia más que** Laura.*
*Laura **estudia menos que** Julia.*
*Laura no **estudia tanto como** Julia.*

Comparativos irregulares

grande(s): más grande → **mayor**
pequeño/-a/-os/-as: menos grande → **menor**
bueno/-a/-os/-as: más bueno → **mejor**
malo/-a/-os/-as: menos bueno → **peor**

- *Mayor* y *menor* se utilizan especialmente para hablar de la edad o de cantidad. Para hablar de tamaño se utiliza la forma **más grande** y **más pequeña**.

  *Julia es **mayor que** David.*
  *Mi habitación es **más grande que** la tuya.*

7 CUANTIFICADORES

Con adjetivos

- *Muy, un poco, bastante, demasiado* + adjetivo.
  *Estos pantalones son **un poco** <u>grandes</u> para ti.*

- Son adverbios y no cambian de género o número.
  *Este pantalón / Esta falda es **un poco** <u>grande</u> para ti.*

Con nombres

- *Poco/-a/-os/-as, mucho/-a/-os/-as, bastante(s), suficiente(s), demasiado/-a/-os/-as* + nombre.
  *Mi hermano tiene **muchos** <u>amigos</u>.*

- Cambian de género o número, según el nombre al que acompañan.
  *Hay **pocos** <u>ordenadores</u>.*
  *No hay **suficientes** <u>diccionarios</u> para todos.*
  *Mis amigos ven **demasiadas** <u>películas</u> en el cine.*

Con verbos

- Verbo + *poco, mucho, bastante, demasiado.*
  *David estudia **poco**.*

- Son adverbios y no cambian de género o número.
  *Laura y María estudian **poco**.*

8 NÚMEROS

1	uno/-a
2	dos
3	tres
4	cuatro
5	cinco
6	seis
7	siete
8	ocho
9	nueve
10	diez
11	once
12	doce
13	trece
14	catorce
15	quince
16	dieciséis
17	diecisiete
18	dieciocho
19	diecinueve
20	veinte
21	veintiuno
22	veintidós
30	treinta
31	treinta y uno/-a
40	cuarenta
50	cincuenta
60	sesenta
70	setenta
80	ochenta
90	noventa
100	cien
101	ciento uno/-a
200	doscientos/-as
300	trescientos/-as
400	cuatrocientos/-as
500	quinientos/-as
600	seiscientos/-as
700	setecientos/-as
800	ochocientos/-as
900	novecientos/-as
1 000	mil
2 000	dos mil
10 000	diez mil
100 000	cien mil
1 000 000	un millón

9 PREPOSICIONES

A
*He visto **a** María en el cine.*
*Mañana no voy **a** clase.*
*Me levanto **a** las siete.*

DE
*Me gusta el helado **de** chocolate.*
*Este móvil es **de** Pablo.*
*Son las diez **de** la mañana.*

DE ... A / DESDE ... HASTA
*Trabaja **de** ocho **a** tres.*
*Va andando **desde** su casa **hasta** la escuela.*

EN
***En** 1985 nació mi hija.*
*En verano hace mucho calor **en** Sevilla.*
*Sevilla está **en** el sur de España.*

POR
*Este autobús no pasa **por** la Plaza Mayor.*
*A Luis le gusta pasear **por** el parque.*

PARA
*Estamos aquí **para** aprender español.*
*Toma, este helado es **para** ti.*

10 INTERROGATIVOS

*¿**Qué** haces?*
*¿**Quién** viene?*
*¿**Quiénes** son esos?*
*¿**Cómo** vas a clase?*
*¿**Cuándo** es tu cumpleaños?*
*¿**Dónde** está el profesor de Música?*
*¿**A dónde** vas con tus amigos?*
*¿**Cuánto** cuesta este móvil?*
*¿**Cuánta** fruta hay?*
*¿**Cuántos** bolígrafos tienes?*
*¿**Cuántas** chicas hay en esta clase?*
*¿**Por qué** estás enfadado?*
*¿**Cuál** es la capital de Perú?*
*¿**Cuáles** son tus cantantes preferidos?*

11 EL VERBO

• En español tenemos tres modelos de conjugación, según la terminación del infinitivo: verbos en **-ar, -er, -ir.**

Presente

hablar	comer	vivir
hablo	como	vivo
hablas	comes	vives
habla	come	vive
hablamos	comemos	vivimos
habláis	coméis	vivís
hablan	comen	viven

• El presente de indicativo se usa para:

a) Hablar de verdades generales, identificar o describir cómo son las cosas.

*Dos por dos **son** cuatro.*
*El agua **hierve** a 100 ºC.*
*Este **es** Andrés.*
*Mi profesor **tiene** treinta y seis años.*

b) Actividades habituales.

*Mi profesor **explica** las matemáticas muy bien.*
*Andrés **come** todos los días en el comedor de la escuela.*

c) Hablar del futuro.

*Mañana **vamos** al Museo del Prado, ¿quién **viene**?*

Ir a + infinitivo

voy a bañar(me)
vas a bañar(te)
va a bañar(se)
vamos a bañar(nos)
vais a bañar(os)
van a bañar(se)

• Se utiliza para expresar intenciones o planes:

*Mamá, **voy a ducharme** ahora.*
*Este verano **voy a ir** a la playa.*

Estar + gerundio

estoy trabajando
estás trabajando
está trabajando
estamos trabajando
estáis trabajando
están trabajando

• Se utiliza para hablar de acciones en desarrollo:

• *¿Qué **está haciendo** ahora Pedro?*
■ ***Está jugando** a la viodeconsola en su habitación.*

• *Hola, Luis, ¿qué haces?*
■ ***Estoy haciendo** los deberes de Matemáticas.*

Hay

Forma del verbo haber que se utiliza para expresar existencia. Solo se usa esta forma de 3.ª persona del singular.

*En mi calle **hay** <u>mucho tráfico</u>.*
*En mi ciudad **hay** <u>museos</u>.*
*En mi barrio **no hay** <u>cafetería</u>.*

Pretérito indefinido

hablar	comer	vivir
hablé	comí	viví
hablaste	comiste	viviste
habló	comió	vivió
hablamos	comimos	vivimos
hablasteis	comisteis	vivisteis
hablaron	comieron	vivieron

• Se utiliza para hablar de actividades pasadas y terminadas en un momento determinado del pasado:

*Pablo **estudió** en la Universidad de Barcelona.*

● Va acompañado de marcadores temporales como: *ayer, la semana pasada, el lunes / martes / miércoles... pasado, en marzo / abril…, en (el año) 1808...*

El miércoles pasado **estuvimos** *en el zoo.*
Andrés **nació** *en 1995.*

Pretérito imperfecto

hablar	comer	vivir
hablaba	comía	vivía
hablabas	comías	vivías
hablaba	comía	vivía
hablábamos	comíamos	vivíamos
hablabais	comíais	vivíais
hablaban	comían	vivían

● Se utiliza para:

a) Hablar de actividades o estados habituales en el pasado.

Cuando **tenía** *tres años menos,* **iba** *al gimnasio tres veces por semana.*

b) Describir en el pasado.

El pueblo de Juan **era** *pequeño,* **estaba** *al lado de un río y no* **tenía** *discotecas ni cines.*

Pretérito perfecto

hablar	comer	vivir
he hablado	he comido	he vivido
has hablado	has comido	has vivido
ha hablado	ha comido	ha vivido
hemos hablado	hemos comido	hemos vivido
habéis hablado	habéis comido	habéis vivido
han hablado	han comido	han vivido

● Es una forma compuesta: se forma con el presente del verbo *haber* y el participio del verbo principal.

● Se utiliza para:

a) Hablar de actividades realizadas en el pasado y que están relacionadas con el presente.
Elena **ha venido** *ahora mismo del patio.*
Hoy **he comido** *sopa de verduras.*

b) Experiencias a lo largo de la vida.
Mi tía Rosa **ha viajado** *mucho.*

c) Actividades realizadas en un pasado sin concretar.
Roberto se **ha casado**.

● Va acompañado de marcadores temporales como: *esta mañana, recientemente, este fin de semana, este año, hoy, últimamente...*

● Estos son los principales participios irregulares:
romper - **roto**, *abrir -* **abierto**, *escribir -* **escrito**, *poner -* **puesto**, *ver -* **visto**, *decir -* **dicho**, *volver -* **vuelto**, *hacer -* **hecho**

Futuro

hablar	comer	vivir
hablaré	comeré	viviré
hablarás	comerás	vivirás
hablará	comerá	vivirá
hablaremos	comeremos	viviremos
hablaréis	comeréis	viviréis
hablarán	comerán	vivirán

● Se utiliza para:

a) Hablar del futuro.
Mañana **hablaré** *de la nota de mi examen con el profesor de Matemáticas.*

b) Hacer predicciones.
Dicen que pronto **lloverá** *en toda España.*

Imperativo
● Se usa para ordenar o pedir algo:

No llores, *por favor.*
Cierra *la ventana, por favor.*

Presente	Pretérito imperfecto	Pretérito indefinido	Futuro	Imperativo Afirmativo	Negativo

ABRIR
Gerundio: abriendo Participio: abierto

Presente	Pretérito imperfecto	Pretérito indefinido	Futuro	Imperativo Afirmativo	Negativo
abro	abría	abrí	abriré		
abres	abrías	abriste	abrirás	abre	no abras
abre	abría	abrió	abrirá	abra	no abra
abrimos	abríamos	abrimos	abriremos		
abrís	abríais	abristeis	abriréis	abrid	no abráis
abren	abrían	abrieron	abrirán	abran	no abran

CAER
Gerundio: cayendo Participio: caído

Presente	Pretérito imperfecto	Pretérito indefinido	Futuro	Imperativo Afirmativo	Negativo
caigo	caía	caí	caeré		
caes	caías	caíste	caerás	cae	no caigas
cae	caía	cayó	caerá	caiga	no caiga
caemos	caíamos	caímos	caeremos		
caéis	caíais	caísteis	caeréis	caed	no caigáis
caen	caían	cayeron	caerán	caigan	no caigan

CERRAR
Gerundio: cerrando Participio: cerrado

Presente	Pretérito imperfecto	Pretérito indefinido	Futuro	Imperativo Afirmativo	Negativo
cierro	cerraba	cerré	cerraré		
cierras	cerrabas	cerraste	cerrarás	cierra	no cierres
cierra	cerraba	cerró	cerrará	cierre	no cierre
cerramos	cerrábamos	cerramos	cerraremos		
cerráis	cerrabais	cerrasteis	cerraréis	cerrad	no cerréis
cierran	cerraban	cerraron	cerrarán	cierren	no cierren

CONOCER
Gerundio: conociendo Participio: conocido

Presente	Pretérito imperfecto	Pretérito indefinido	Futuro	Imperativo Afirmativo	Negativo
conozco	conocía	conocí	conoceré		
conoces	conocías	conociste	conocerás	conoce	no conozcas
conoce	conocía	conoció	conocerá	conozca	no conozca
conocemos	conocíamos	conocimos	conoceremos		
conocéis	conocíais	conocisteis	conoceréis	conoced	no conozcáis
conocen	conocían	conocieron	conocerán	conozcan	no conozcan

DAR
Gerundio: dando Participio: dado

Presente	Pretérito imperfecto	Pretérito indefinido	Futuro	Imperativo Afirmativo	Negativo
doy	daba	di	daré		
das	dabas	diste	darás	da	no des
da	daba	dio	dará	dé	no dé
damos	dábamos	dimos	daremos		
dais	dabais	disteis	daréis	dad	no deis
dan	daban	dieron	darán	den	no den

DECIR
Gerundio: diciendo Participio: dicho

Presente	Pretérito imperfecto	Pretérito indefinido	Futuro	Imperativo Afirmativo	Negativo
digo	decía	dije	diré		
dices	decías	dijiste	dirás	di	no digas
dice	decía	dijo	dirá	diga	no diga
decimos	decíamos	dijimos	diremos		
decís	decíais	dijisteis	diréis	decid	no digáis
dicen	decían	dijeron	dirán	digan	no digan

Presente	Pretérito imperfecto	Pretérito indefinido	Futuro	Imperativo Afirmativo	Negativo
DORMIR	Gerundio: **durmiendo**			Participio: **dormido**	
duermo	dormía	dormí	dormiré		
duermes	dormías	dormiste	dormirás	duerme	no duermas
duerme	dormía	durmió	dormirá	duerma	no duerma
dormimos	dormíamos	dormimos	dormiremos		
dormís	dormíais	dormisteis	dormiréis	dormid	no durmáis
duermen	dormían	durmieron	dormirán	duerman	no duerman
EMPEZAR	Gerundio: **empezando**			Participio: **empezado**	
empiezo	empezaba	empecé	empezaré		
empiezas	empezabas	empezaste	empezarás	empieza	no empieces
empieza	empezaba	empezó	empezará	empiece	no empiece
empezamos	empezábamos	empezamos	empezaremos		
empezáis	empezabais	empezasteis	empezaréis	empezad	no empecéis
empiezan	empezaban	empezaron	empezarán	empiecen	no empiecen
ESCRIBIR	Gerundio: **escribiendo**			Participio: **escrito**	
escribo	escribía	escribí	escribiré		
escribes	escribías	escribiste	escribirás	escribe	no escribas
escribe	escribía	escribió	escribirá	escriba	no escriba
escribimos	escribíamos	escribimos	escribiremos		
escribís	escribíais	escribisteis	escribiréis	escribid	no escribáis
escriben	escribían	escribieron	escribirán	escriban	no escriban
ESTAR	Gerundio: **estando**			Participio: **estado**	
estoy	estaba	estuve	estaré		
estás	estabas	estuviste	estarás	está	no estés
está	estaba	estuvo	estará	esté	no esté
estamos	estábamos	estuvimos	estaremos		
estáis	estabais	estuvisteis	estaréis	estad	no estéis
están	estaban	estuvieron	estarán	estén	no estén
HACER	Gerundio: **haciendo**			Participio: **hecho**	
hago	hacía	hice	haré		
haces	hacías	hiciste	harás	haz	no hagas
hace	hacía	hizo	hará	haga	no haga
hacemos	hacíamos	hicimos	haremos		
hacéis	hacíais	hicisteis	haréis	haced	no hagáis
hacen	hacían	hicieron	harán	hagan	no hagan
IR	Gerundio: **yendo**			Participio: **ido**	
voy	iba	fui	iré		
vas	ibas	fuiste	irás	ve	no vayas
va	iba	fue	irá	vaya	no vaya
vamos	íbamos	fuimos	iremos		
vais	ibais	fuisteis	iréis	id	no vayáis
van	iban	fueron	irán	vayan	no vayan

Presente	Pretérito imperfecto	Pretérito indefinido	Futuro	Imperativo Afirmativo	Negativo

JUGAR — Gerundio: jugando — Participio: jugado

Presente	Pretérito imperfecto	Pretérito indefinido	Futuro	Afirmativo	Negativo
juego	jugaba	jugué	jugaré		
juegas	jugabas	jugaste	jugarás	juega	no juegues
juega	jugaba	jugó	jugará	juegue	no juegue
jugamos	jugábamos	jugamos	jugaremos		
jugáis	jugabais	jugasteis	jugaréis	jugad	no juguéis
juegan	jugaban	jugaron	jugarán	jueguen	no jueguen

LEER — Gerundio: leyendo — Participio: leído

Presente	Pretérito imperfecto	Pretérito indefinido	Futuro	Afirmativo	Negativo
leo	leía	leí	leeré		
lees	leías	leíste	leerás	lee	no leas
lee	leía	leyó	leerá	lea	no lea
leemos	leíamos	leímos	leeremos		
leéis	leíais	leísteis	leeréis	leed	no leáis
leen	leían	leyeron	leerán	lean	no lean

MOVER — Gerundio: moviendo — Participio: movido

Presente	Pretérito imperfecto	Pretérito indefinido	Futuro	Afirmativo	Negativo
muevo	movía	moví	moveré		
mueves	movías	moviste	moverás	mueve	no muevas
mueve	movía	movió	moverá	mueva	no mueva
movemos	movíamos	movimos	moveremos		
movéis	movíais	movisteis	moveréis	moved	no mováis
mueven	movían	movieron	moverán	muevan	no muevan

OÍR — Gerundio: oyendo — Participio: oído

Presente	Pretérito imperfecto	Pretérito indefinido	Futuro	Afirmativo	Negativo
oigo	oía	oí	oiré		
oyes	oías	oíste	oirás	oye	no oigas
oye	oía	oyó	oirá	oiga	no oiga
oímos	oíamos	oímos	oiremos		
oís	oíais	oísteis	oiréis	oíd	no oigáis
oyen	oían	oyeron	oirán	oigan	no oigan

PEDIR — Gerundio: pidiendo — Participio: pedido

Presente	Pretérito imperfecto	Pretérito indefinido	Futuro	Afirmativo	Negativo
pido	pedía	pedí	pediré		
pides	pedías	pediste	pedirás	pide	no pidas
pide	pedía	pidió	pedirá	pida	no pida
pedimos	pedíamos	pedimos	pediremos		
pedís	pedíais	pedisteis	pediréis	pedid	no pidáis
piden	pedían	pidieron	pedirán	pidan	no pidan

PENSAR — Gerundio: pensando — Participio: pensado

Presente	Pretérito imperfecto	Pretérito indefinido	Futuro	Afirmativo	Negativo
pienso	pensaba	pensé	pensaré		
piensas	pensabas	pensaste	pensarás	piensa	no pienses
piensa	pensaba	pensó	pensará	piense	no piense
pensamos	pensábamos	pensamos	pensaremos		
pensáis	pensabais	pensasteis	pensaréis	pensad	no penséis
piensan	pensaban	pensaron	pensarán	piensen	no piensen

Presente	Pretérito imperfecto	Pretérito indefinido	Futuro	Imperativo Afirmativo	Negativo
PERDER		Gerundio: perdiendo		Participio: perdido	
pierdo	perdía	perdí	perderé		
pierdes	perdías	perdiste	perderás	pierde	no pierdas
pierde	perdía	perdió	perderá	pierda	no pierda
perdemos	perdíamos	perdimos	perderemos		
perdéis	perdíais	perdisteis	perderéis	perded	no perdáis
pierden	perdían	perdieron	perderán	pierdan	no pierdan
PODER		Gerundio: pudiendo		Participio: podido	
puedo	podía	pude	podré		
puedes	podías	pudiste	podrás	puede	no puedas
puede	podía	pudo	podrá	pueda	no pueda
podemos	podíamos	pudimos	podremos		
podéis	podíais	pudisteis	podréis	poded	no podáis
pueden	podían	pudieron	podrán	puedan	no puedan
PONER		Gerundio: poniendo		Participio: puesto	
pongo	ponía	puse	pondré		
pones	ponías	pusiste	pondrás	pon	no pongas
pone	ponía	puso	pondrá	ponga	no ponga
ponemos	poníamos	pusimos	pondremos		
ponéis	poníais	pusisteis	pondréis	poned	no pongáis
ponen	ponían	pusieron	pondrán	pongan	no pongan
QUERER		Gerundio: queriendo		Participio: querido	
quiero	quería	quise	querré		
quieres	querías	quisiste	querrás	quiere	no quieras
quiere	quería	quiso	querrá	quiera	no quiera
queremos	queríamos	quisimos	querremos		
queréis	queríais	quisisteis	querréis	quered	no queráis
quieren	querían	quisieron	querrán	quieran	no quieran
REÍR		Gerundio: riendo		Participio: reído	
río	reía	reí	reiré		
ríes	reías	reíste	reirás	ríe	no rías
ríe	reía	rio	reirá	ría	no ría
reímos	reíamos	reímos	reiremos		
reís	reíais	reísteis	reiréis	reíd	no riáis
ríen	reían	rieron	reirán	rían	no rían
ROMPER		Gerundio: rompiendo		Participio: roto	
rompo	rompía	rompí	romperé		
rompes	rompías	rompiste	romperás	rompe	no rompas
rompe	rompía	rompió	romperá	rompa	no rompa
rompemos	rompíamos	rompimos	romperemos		
rompéis	rompíais	rompisteis	romperéis	romped	no rompáis
rompen	rompían	rompieron	romperán	rompan	no rompan

Presente	Pretérito imperfecto	Pretérito indefinido	Futuro	Imperativo Afirmativo	Imperativo Negativo

SABER Gerundio: **sabiendo** Participio: **sabido**

Presente	Pretérito imperfecto	Pretérito indefinido	Futuro	Afirmativo	Negativo
sé	sabía	supe	sabré		
sabes	sabías	supiste	sabrás	sabe	no sepas
sabe	sabía	supo	sabrá	sepa	no sepa
sabemos	sabíamos	supimos	sabremos		
sabéis	sabíais	supisteis	sabréis	sabed	no sepáis
saben	sabían	supieron	sabrán	sepan	no sepan

SALIR Gerundio: **saliendo** Participio: **salido**

Presente	Pretérito imperfecto	Pretérito indefinido	Futuro	Afirmativo	Negativo
salgo	salía	salí	saldré		
sales	salías	saliste	saldrás	sal	no salgas
sale	salía	salió	saldrá	salga	no salga
salimos	salíamos	salimos	saldremos		
salís	salíais	salisteis	saldréis	salid	no salgáis
salen	salían	salieron	saldrán	salgan	no salgan

SENTIR Gerundio: **sintiendo** Participio: **sentido**

Presente	Pretérito imperfecto	Pretérito indefinido	Futuro	Afirmativo	Negativo
siento	sentía	sentí	sentiré		
sientes	sentías	sentiste	sentirás	siente	no sientas
siente	sentía	sintió	sentirá	sienta	no sienta
sentimos	sentíamos	sentimos	sentiremos		
sentís	sentíais	sentisteis	sentiréis	sentid	no sintáis
sienten	sentían	sintieron	sentirán	sientan	no sientan

SER Gerundio: **siendo** Participio: **sido**

Presente	Pretérito imperfecto	Pretérito indefinido	Futuro	Afirmativo	Negativo
soy	era	fui	seré		
eres	eras	fuiste	serás	sé	no seas
es	era	fue	será	sea	no sea
somos	éramos	fuimos	seremos		
sois	erais	fuisteis	serán	sed	no seáis
son	eran	fueron	será	sean	no sean

TENER Gerundio: **teniendo** Participio: **tenido**

Presente	Pretérito imperfecto	Pretérito indefinido	Futuro	Afirmativo	Negativo
tengo	tenía	tuve	tendré		
tienes	tenías	tuviste	tendrás	ten	no tengas
tiene	tenía	tuvo	tendrá	tenga	no tenga
tenemos	teníamos	tuvimos	tendremos		
tenéis	teníais	tuvisteis	tendréis	tened	no tengáis
tienen	tenían	tuvieron	tendrán	tengan	no tengan

TRAER Gerundio: **trayendo** Participio: **traído**

Presente	Pretérito imperfecto	Pretérito indefinido	Futuro	Afirmativo	Negativo
traigo	traía	traje	traeré		
traes	traías	trajiste	traerás	trae	no traigas
trae	traía	trajo	traerá	traiga	no traiga
traemos	traíamos	trajimos	traeremos		
traéis	traíais	trajisteis	traeréis	traed	no traigáis
traen	traían	trajeron	traerán	traigan	no traigan

RESUMEN GRAMATICAL

Presente	Pretérito imperfecto	Pretérito indefinido	Futuro	Imperativo Afirmativo	Negativo
VENIR	Gerundio: viniendo		Participio: venido		
vengo	venía	vine	vendré		
vienes	venías	viniste	vendrás	ven	no vengas
viene	venía	vino	vendrá	venga	no venga
venimos	veníamos	vinimos	vendremos		
venís	veníais	vinisteis	vendréis	venid	no vengáis
vienen	venían	vinieron	vendrán	vengan	no vengan
VER	Gerundio: viendo		Participio: visto		
veo	veía	vi	veré		
ves	veías	viste	verás	ve	no veas
ve	veía	vio	verá	vea	no vea
vemos	veíamos	vimos	veremos		
veis	veíais	visteis	veréis	ved	no veáis
ven	veían	vieron	verán	vean	no vean
VOLVER	Gerundio: volviendo		Participio: vuelto		
vuelvo	volvía	volví	volveré		
vuelves	volvías	volviste	volverás	vuelve	no vuelvas
vuelve	volvía	volvió	volverá	vuelva	no vuelva
volvemos	volvíamos	volvimos	volveremos		
volvéis	volvíais	volvisteis	volveréis	volved	no volváis
vuelven	volvían	volvieron	volverán	vuelvan	no vuelvan

Transcripciones

PUNTO DE PARTIDA
COMUNICACIÓN

① Ejercicio 1

¡Hola!

Me llamo María y tengo trece años. Vivo en Valencia con mis padres y mis hermanos. Tengo un hermano y una hermana. Se llaman Carlos y Diana. Carlos juega en un equipo de fútbol, pero a mí no me gusta mucho el deporte, me gusta más la música.

Mi mejor amiga se llama Alba. Está en mi clase y tiene un hermano que se llama Alejandro.

Escríbeme pronto.

María

② Ejercicio 2

- ¿Cómo te llamas?
- Me llamo Jaime.
- ¿Cuántos años tienes?
- Tengo trece.
- ¿Cuándo es tu cumpleaños?
- El cinco de enero.
- ¿Juegas a algún deporte?
- Sí, sobre todo al baloncesto.
- ¿Cuántos hermanos tienes?
- Tengo un hermano y una hermana.
- ¿Qué haces los fines de semana?
- Los sábados salgo con mis amigos y los domingos me quedo en casa.

UNIDAD 1
¿En casa o con los amigos?
VOCABULARIO
③ Ejercicio 1

1 hablar por teléfono; **2** bailar; **3** jugar con videojuegos; **4** ir de compras; **5** jugar al ajedrez; **6** ver la tele; **7** salir con los amigos; **8** navegar por internet; **9** enviar mensajes; **10** escuchar música; **11** hacer deporte; **12** leer revistas; **13** quedarse en casa; **14** ir al cine.

④ Ejercicio 4
Deportes urbanos
<u>¿Quieres practicar un deporte diferente en tu tiempo libre?</u>

PERIODISTA: Este fin de semana se celebra la Primera Exhibición de Deportes Urbanos en la Comunidad de Madrid. Javier Alonso, uno de los organizadores, tiene dieciséis años y practica deportes urbanos en su ciudad. Antes de nada, Javier, ¿qué son los deportes urbanos?

JAVIER: Son actividades deportivas como el «skate», «BMX», «parkour», etcétera.

PERIODISTA: Y, ¿cuándo practicas estos deportes?

JAVIER: Hago deporte cuatro días a la semana, y cuando salgo con mis amigos, practicamos deportes urbanos. Los fines de semana me gusta quedarme en casa para jugar a videojuegos y oír música.

PERIODISTA: ¿Puedes explicarnos qué es el «skate»?

JAVIER: Es un deporte que se hace sobre una tabla con ruedas, un monopatín con el que algunas personas hacen acrobacias. Es fácil encontrar información sobre estos deportes navegando por internet o jugando a algunos videojuegos.

PERIODISTA: Y, ¿el «BMX»?

JAVIER: Es algo parecido pero con una bicicleta especial. Es obligatorio llevar casco.

PERIODISTA: Y, ¿dónde se practican estos deportes?

JAVIER: En cualquier sitio. No necesitas instalaciones especiales para hacer estos deportes. Pero también hay zonas adaptadas, sobre todo en parques.

PERIODISTA: Es la primera vez que oigo hablar de «parkour». ¿En qué consiste?

JAVIER: Pues consiste en moverse por la ciudad o el campo utilizando las habilidades del cuerpo y superando obstáculos como vallas, muros, etcétera. Por ejemplo, puedes ir de compras sin tocar casi el suelo.

PERIODISTA: Todos estos deportes parecen muy peligrosos, ¿no?

JAVIER: Eso depende. Los accidentes ocurren cuando intentas hacer cosas difíciles y no estás preparado.

PERIODISTA: ¿Cómo puedo saber algo más sobre este tema?

JAVIER: Pues leyendo revistas especializadas y buscando en internet.

PERIODISTA: ¿Las chicas también son aficionadas a estos deportes urbanos?

JAVIER: Sí. Y cada vez hay más chicas que practican estos deportes y muchas son muy buenas.

PERIODISTA: Gracias, Javier. Después de esta entrevista, todos sabemos un poco más sobre los deportes urbanos.

GRAMÁTICA
⑤ Ejercicio 5

ENTREVISTADORA: Estamos en el campamento juvenil «El Naranjo», en los Picos de Europa. Setenta jóvenes de toda España están pasando sus vacaciones. Andoni, del País Vasco, nos explica qué hacen habitualmente un día cualquiera.

ANDONI: Por la mañana nos levantamos a las ocho, nos duchamos, vamos a desayunar y organizamos nuestras tiendas de campaña. A las diez empiezan las actividades deportivas: fútbol, baloncesto, atletismo... Después de comer realizamos actividades culturales: visitamos pueblos y granjas, y a veces hacemos excursiones por la montaña de todo el día.

ENTREVISTADORA: Y ahora, ¿qué estáis haciendo?

ANDONI: Estamos divididos en grupos. El equipo 1 está nadando en el río. Los chicos del grupo 2 están jugando un partido de baloncesto. Otros están cogiendo leña para el fuego de esta noche.

ENTREVISTADORA: Verdaderamente no paráis. Te dejo, que tus amigos te están esperando.

COMUNICACIÓN
⑥ Ejercicio 1

LA MADRE DE ANDRÉS: ¿Sí, dígame?

DANIEL: ¡Hola, soy Daniel! ¿Está Andrés en casa?

LA MADRE DE ANDRÉS: Sí, espera un momento. Voy a llamarlo. ¡Andrés!

(...)

ANDRÉS: ¿Sí?

DANIEL: ¡Hola, Andrés! Soy Dani. ¿Te vienes a mi casa a jugar al ordenador? Tengo un juego nuevo.

ANDRÉS: Vale, ¿a qué hora?

DANIEL: A las seis, después de hacer los deberes.

ANDRÉS: De acuerdo, luego nos vemos.

DANIEL: ¡Hasta luego!

7 Ejercicios 4 y 5

PADRE DE ENRIQUE: ¿Sí, dígame?

SUSANA: ¡Hola, soy Susana! ¿Está Enrique?

PADRE DE ENRIQUE: No, no está. Está entrenando.

SUSANA: ¿A qué hora vuelve?

PADRE DE ENRIQUE: El entrenamiento termina a las ocho y media.

SUSANA: Bueno, entonces le llamo a las nueve. Gracias. ¡Hasta luego!

CONTESTADOR: En este momento no estamos en casa. Por favor, deja tu mensaje.

LAURA: Hola, Elena, soy Laura. Ya veo que no estás en casa. Mañana tenemos una fiesta de cumpleaños en casa de David. ¿Te vienes? Quedamos a las seis en mi casa.

MADRE DE CÉSAR: ¿Sí, dígame?

ANTONIO: ¡Hola, soy Antonio! ¿Está César?

MADRE DE CÉSAR: No, está en la biblioteca.

ANTONIO: Es que llamo para decirle que el partido del domingo lo jugamos a las once de la mañana.

MADRE DE CÉSAR: Bueno, pues yo se lo digo.

ANTONIO: Vale, gracias. ¡Hasta luego!

TELEOPERADORA: Parque de atracciones, ¿dígame?

ISMAEL: Buenas tardes. Quería saber el horario que tienen los sábados.

TELEOPERADORA: Los fines de semana abrimos desde las once de la mañana hasta las doce de la noche.

ISMAEL: ¿Me puede decir el precio, por favor?

TELEOPERADORA: La entrada para adultos cuesta veinte euros y los niños menores de doce años, diez euros. ¿Desea alguna otra información?

ISMAEL: No, muchas gracias. Adiós.

COMUNICACIÓN Y VOCABULARIO

8 Ejercicio 1

¿Qué actividades hacen estos jóvenes después de clase?

1 A mí me gusta mucho cantar: por las tardes, canto en el coro de mi barrio.

2 Ayudo a mis padres a preparar la cena: cada día me gusta más cocinar.

3 A mi hermana Sara le gusta mucho la música clásica: toca el piano en casa más de dos horas diarias.

4 Hacer deporte al aire libre es muy bueno para la salud. A mis amigos y a mí nos gusta practicar con el monopatín todas las tardes.

5 Todos los días tengo muchos deberes: a mí me gusta mucho ir a la biblioteca para buscar información.

6 En mi casa nos gustan mucho los idiomas: mis hermanos van a clases de alemán tres días a la semana.

9 Ejercicios 3 y 4

LOCUTOR: Muchas veces nos preguntamos qué hacen nuestros jóvenes cuando finalizan sus clases. Hoy vamos a preguntar a algunos de ellos. Está con nosotros Antonio, que vive en la ciudad de Toledo. Buenas tardes, Antonio. ¿Qué haces por la tarde después de tus clases?

ANTONIO: Hola, buenas tardes. Bueno, pues, a lo largo de la semana, hago distintas actividades relacionadas con el deporte. Los martes y viernes monto en bicicleta con mis amigos: hacemos cincuenta kilómetros cada día. Los lunes y jueves voy a la piscina municipal de mi barrio: la natación es el deporte más completo.

LOCUTOR: Desde luego eres todo un deportista. Y, ¿qué haces los demás días de la semana?

ANTONIO: Los miércoles voy a la biblioteca a buscar la información que necesito para mis trabajos de clase. Los fines de semana salgo con mis amigos.

LOCUTOR: Una semana muy completa. También nos acompaña en nuestro estudio, Elsa. Hola, Elsa, cuéntanos, ¿cuáles son tus actividades a lo largo de la semana?

ELSA: Hola, buenas tardes. Yo no soy tan deportista como Antonio, pero me gusta ir a correr con mis amigos al parque los fines de semana.

LOCUTOR: Y, entre semana, ¿qué actividades haces?

ELSA: En mi opinión, aprender idiomas es muy importante para mi futuro y voy a clases de inglés y de alemán los lunes, miércoles y viernes.

LOCUTOR: ¿Qué otras cosas que haces no son tan importantes para tu futuro pero te gustan mucho?

ELSA: Cualquier cosa relacionada con el arte me gusta mucho: hago teatro con un grupo de mi instituto. Ensayamos los martes y jueves. También estoy pensando ir a clases de piano pero de momento no tengo tiempo.

LOCUTOR: Una semana muy cultural la de Elsa. Bueno, os agradezco mucho vuestra participación en este programa y muchas gracias por contarnos vuestras actividades después de clase.

DESTREZAS

10 Ejercicio 2

DANIEL: Perdona, ¿me podrías contestar unas preguntas?

SILVIA: Sí, claro.

DANIEL: ¿Cómo te llamas?

SILVIA: Silvia.

DANIEL: ¿Cuándo sales con tus amigos?

SILVIA: Durante la semana tengo muchos deberes. Solo podemos quedar los fines de semana.

DANIEL: En casa, cuando terminas los deberes, ¿qué te gusta hacer?

SILVIA: Normalmente veo la televisión. Me gustan mucho las películas de aventuras.

DANIEL: ¿Y jugar a los juegos de ordenador?

SILVIA: No, prefiero utilizar el ordenador para navegar por internet y comunicarme con mis amigos.

DANIEL: ¿Y los fines de semana qué hacéis normalmente?

SILVIA: Normalmente vamos al cine el sábado por la tarde y a la salida tomamos una pizza. Los domingos estamos en el parque hablando de nuestras cosas.

DANIEL: Bueno, Silvia, gracias por tu colaboración.

Ejercicio 4
¿Qué hago los fines de semana?

Normalmente, los viernes por la tarde me quedo en casa jugando al ordenador: tengo unos juegos estupendos. Algunas veces viene mi amigo Antonio a jugar conmigo y después vemos alguna película en la tele.

Los sábados por la mañana juego un partido de baloncesto: estoy en el equipo del instituto; somos bastante buenos y podemos ganar la liga. Por la tarde siempre veo a mis amigos en el parque.

El domingo voy con mi familia a comer a casa de mi abuela. A veces ella viene a comer a nuestra casa y también invitamos a mis primos: con ellos siempre me lo paso muy bien. Los domingos por la tarde nunca salgo, me quedo en casa: tengo que hacer los deberes para el día siguiente o estudiar para los exámenes.

CULTURA

Ejercicio 2

¡Hola! Soy Sergio Sánchez. Me gustan mucho los animales. De mayor quiero ser aventurero y conocer países como Australia, Francia o Egipto.

Mi padre trabaja en una fábrica y mi madre nos cuida a Marta y a mí: Marta es mi hermana y tiene seis años. Un día normal, me levanto a las ocho y media y desayuno leche y galletas. Estudio en el instituto y en mi clase somos veintiséis alumnos. Mi mejor amigo se llama Manu: me gusta mucho estar con él porque jugamos al fútbol y con el monopatín.

Mis asignaturas preferidas son Ciencias Naturales y Educación Física. Me gustan mucho los huevos fritos con patatas y no me gustan nada las verduras. Por las tardes voy a natación, juego al ajedrez y veo la tele. Mi juguete favorito es la *Play Station*. Me compro los juegos con mi paga del fin de semana; mis padres me dan dos euros. A veces mis abuelos y mis tíos me dan un billete de cinco euros.

Me llamo Cecilia y vivo en Buenos Aires. Estudio en la escuela «República Argentina». Mi papá se llama Diego y trabaja en la universidad. Mi madre se llama María Cristina y trabaja en casa haciendo artesanías. Me despierta todos los días a las seis de la mañana:

me da chocolate, huevo y pan de desayuno y me lleva a la escuela. Las clases empiezan a las siete. En la clase somos cuarenta y cuatro, más chicos que chicas. Me gusta mucho el recreo y me gustan bastante las Matemáticas. A las doce y media, cuando salgo, mi amiga Carolina me está esperando. Vamos a casa caminando: está cerquita. Como, descanso y hago los deberes. Después juego con Correcaminos y Peluso, mi tortuga y mi perro.

Carolina y yo hablamos mucho y nos ayudamos cuando tenemos problemas. Estoy triste porque sus padres se están comprando una casa nueva en otro barrio.

UNIDAD 2
¿Qué tiempo hace?
VOCABULARIO

Ejercicio 1

1 está nublado; **2** está lloviendo; **3** está nevando; **4** hay niebla; **5** hay tormenta; **6** hace calor; **7** hace viento; **8** hace frío; **9** hace buen tiempo; **10** hace sol.

Ejercicio 2

LOCUTOR: Y a continuación escuchamos las noticias del tiempo.

LOCUTORA: Hoy tenemos un día soleado en el centro de España. En Madrid hace calor. Esta tarde podemos tener alguna tormenta en la capital.

LOCUTOR: ¿Y qué tiempo tenemos en el norte?

LOCUTORA: En Santander, como en todo el norte del país, está lloviendo. No hace mucho frío y hay algo de niebla.

LOCUTOR: ¿Qué tal por el Mediterráneo?

LOCUTORA: En Barcelona está nublado, pero no está lloviendo. Hace un poco de viento, pero la temperatura es agradable.

LOCUTOR: ¿Y qué tiempo tenemos por el sur?

LOCUTORA: En la ciudad de Granada hace mucho frío y está nevando.

LOCUTOR: Y por último, las islas Canarias.

LOCUTORA: En Tenerife, como casi siempre, hace sol. Hace muy buen día.

Ejercicio 4

1 terremoto; **2** tornado; **3** incendio; **4** inundación; **5** granizada; **6** rayo.

Ejercicio 5
Desastres naturales

Fenómenos naturales como la lluvia, el viento... se convierten en desastre natural cuando se producen de forma violenta.

A continuación, describimos los desastres más comunes en el planeta Tierra.

Granizada

Cuando el granizo cae en grandes cantidades, es un desastre natural. Estas tormentas son peligrosas en granjas y campos de cultivo porque pueden matar el ganado y estropear las cosechas.

Incendio

Es un desastre natural que destruye prados y bosques y causa grandes daños en la vida animal y vegetal y, algunas veces, ocasiona víctimas humanas. El fuego puede producirse por un rayo, por un accidente o ser provocado.

Inundación

Es un desastre natural causado por fuertes lluvias, por desbordamientos de ríos o la rotura de una presa.

Terremoto

Se produce por movimientos en el interior de la Tierra. Puede dañar edificios, carreteras, puentes y causar grandes desgracias humanas.

Rayo

Es una gran descarga eléctrica producida durante una tormenta. Esta descarga va acompañada de una fuerte luz llamada relámpago.

Tornado

Es una corriente muy violenta de viento. Puede girar a quinientos kilómetros por hora.

COMUNICACIÓN

Ejercicio 1

MARCOS: ¿Sí, dígame?

RICARDO: ¡Hola, Marcos! Soy Ricardo. ¿Qué vas a hacer este fin de semana?

MARCOS: Bueno..., nada en especial. ¿Por qué?

RICARDO: Tengo dos entradas para ver el Real Madrid–Barcelona. ¿Quieres venir conmigo al partido?

MARCOS: ¡Qué bien! Voy a hablar con mi madre. Luego te llamo.

(…)

MARCOS: Mamá, Ricardo tiene dos entradas para el Real Madrid–Barcelona. ¿Puedo ir con él al partido?

MADRE DE MARCOS: ¿Cuándo es?

MARCOS: Es el sábado, a las cinco.

MADRE DE MARCOS: Lo siento, no puede ser. Este sábado vamos a celebrar el cumpleaños de la abuela.

MARCOS: ¡Es verdad! ¡Qué coincidencia! Voy a decírselo a Ricardo.

COMUNICACIÓN Y VOCABULARIO

18 Ejercicio 1
Siete maravillas de España

1 **Los Pirineos -** Son un conjunto de montañas que separan España de Francia. Tienen una longitud de cuatrocientos quince kilómetros.

2 **Desierto de Tabernas -** Este desierto está en Andalucía, al sur de España. Es la única zona desértica en todo el continente europeo.

3 **La Costa Brava -** Es la entrada en la península ibérica desde la Europa mediterránea. Tiene doscientos catorce kilómetros de costa y playas maravillosas.

4 **Lago de Mar -** Es un lago glaciar en el Valle de Arán, en el Pirineo catalán. Tiene ochocientos ochenta metros de diámetro y ochenta de profundidad.

5 **Isla de Lanzarote -** Forma parte de las islas Canarias, en el océano Atlántico. También la llaman la «isla de los volcanes» por su actividad volcánica en el siglo dieciocho.

6 **Cueva de Altamira -** Esta cueva tiene uno de los conjuntos de pinturas más importantes de la prehistoria. Está en Cantabria, en el norte de la península.

7 **Desfiladero del Cares -** Este sendero está a unos mil quinientos metros sobre el fondo del desfiladero donde corren las aguas del río Cares. Está entre León y Asturias.

DESTREZAS

19 Ejercicio 3
BELÉN: ¡Hola, Iván! Soy Belén. Estoy contestando al cuestionario sobre el viaje.

IVÁN: Yo también lo estoy haciendo. ¿Tú a dónde quieres ir?

BELÉN: Yo prefiero ir a esquiar a la montaña, ¿y tú?

IVÁN: A mí me gusta mucho el mar. Yo voy a elegir los deportes náuticos.

BELÉN: Entonces, ¿tú prefieres ir en verano?

IVÁN: Bueno, me da igual en verano o en primavera. Mi problema es cómo conseguir el dinero.

BELÉN: Yo creo que lo mejor es ahorrar todas las semanas y organizar alguna fiesta para sacar dinero.

IVÁN: Es lo mejor. Yo no puedo pedir el dinero a mis padres. ¿Y a qué profesor le podemos decir que nos acompañe?

BELÉN: Para ir al mar y a la montaña los mejores son Carlos o Paloma, los profes de Educación Física.

IVÁN: Pero Carlos no puede: tiene un hijo muy pequeño.

BELÉN: Bueno, es igual. De todas maneras, lo vamos a pasar estupendamente.

CULTURA

20 Ejercicio 2
Canarias: las islas afortunadas

Las Canarias son islas paradisíacas de sol y playas de fina arena. Tienen una temperatura primaveral durante todo el año. Son un grupo de siete islas. Cada una es diferente de las otras, con paisajes muy variados.

Son islas de origen volcánico, habitadas en la antigüedad por los guanches, un pueblo de gente muy alta y de piel clara.

¿Dónde están situadas?

Están situadas en el océano Atlántico, cerca de la costa noroeste africana.

Clima

Las islas Canarias reciben el nombre de «islas afortunadas» por su clima de eterna primavera. Se puede tomar el sol y bañarse en sus playas durante todo el año, con una temperatura media de veintidós grados centígrados.

El Teide

Es un volcán situado en la isla de Tenerife. Es la montaña más alta de las islas Canarias y de España (tres mil setecientos dieciocho metros). El Teide tiene sus cumbres nevadas durante todo el año.

UNIDAD 3
Biografías

VOCABULARIO

21 Ejercicio 1

1 nacer; 2 ir al colegio; 3 ir a la universidad; 4 aprender a conducir; 5 acabar los estudios; 6 encontrar trabajo; 7 comprarse un coche; 8 casarse; 9 tener hijos.

GRAMÁTICA

22 Ejercicio 3
Jennifer Lopez nació el veinticuatro de julio de mil novecientos setenta en Nueva York. Actuó por primera vez en una obra musical a los dieciséis años. De joven trabajó como secretaria y estudió baile y canto. Finalmente encontró trabajo como actriz y se fue a vivir a Hollywood. Con el tiempo, llegó a ser la actriz latina mejor pagada. Pero Jennifer no olvidó su gran sueño: el canto y el baile. En los años mil novecientos noventa y nueve y dos mil uno salieron a la venta sus dos primeros cedés: fueron número uno en las listas americanas. En el año dos mil dos se comprometió con el actor americano Ben Affleck, pero canceló la boda pocos días antes de su celebración. En el dos mil cuatro se casó con Marc Anthony: tuvieron gemelos en el dos mil ocho y en el dos mil once terminaron su relación. Su carrera como cantante y actriz sigue siendo un éxito en la actualidad.

COMUNICACIÓN

23 Ejercicio 2
COMISARIO: Dígame su nombre.

SOSPECHOSO: Diego Zaragoza.

COMISARIO: ¿Qué hizo anoche?

SOSPECHOSO: Estuve en un baile de disfraces.

COMISARIO: ¿Ah, sí? ¿Y cómo se disfrazó?

SOSPECHOSO: Con un antifaz y una capa negra.

COMISARIO: ¡Vaya, vaya...! ¿Quién fue con usted a la fiesta?

SOSPECHOSO: Fui solo.

COMISARIO: ¡Bueno, bueno! ¡Qué divertido! ¿A qué hora salió de la fiesta?

SOSPECHOSO: Pues... No recuerdo exactamente.

COMISARIO: ¿Tiene algún testigo de lo que está diciendo?

SOSPECHOSO: La verdad es que no.

COMISARIO: Muy bien... ¡Queda usted detenido!

SOSPECHOSO: ¿Pero por qué?

COMUNICACIÓN Y VOCABULARIO

24 Ejercicio 1

teatro; plató de cine / televisión; sala de conciertos; librería; taller de pintura; academia de baile; sala de exposiciones.

25 Ejercicio 4

1 Me gusta mucho el teatro. Mis amigos y yo estuvimos en el grupo de teatro de mi instituto. Esta experiencia fue muy importante para mi profesión. Cuando bailo, también interpreto. No se puede bailar sin hacer teatro al mismo tiempo.

2 La lectura siempre fue mi gran afición. Cuando era niño, leí todas las novelas que encontré en mi casa. Poco a poco, descubrí que escribir historias era mi verdadera vocación.

3 Me interesan todas las cosas relacionadas con el arte. Me gusta pintar, escribir, estoy en un grupo de teatro… Pero lo que más feliz me hace es tocar el violín, que espero pueda ser mi profesión en el futuro.

4 Me gusta la luz natural. Creo que le da más vida a una imagen. Hago fotografías todos los días en diferentes ambientes y a cualquier hora. Esto me ayuda mucho a filmar imágenes cuando hago un reportaje o cuando tengo que grabar un programa en el estudio de televisión donde trabajo.

DESTREZAS

26 Ejercicio 1

Shakira nació el dos de febrero de mil novecientos setenta y siete en Barranquilla, Colombia.

Empezó en el mundo del espectáculo a los cinco años: desde niña quiso ser cantante.

Con ocho años escribió su primera canción e inició su carrera musical.

Con su álbum «¿Dónde están los ladrones?», se convirtió en la máxima representante del pop-rock latino.

En la actualidad, Shakira dedica su tiempo libre a su fundación «Pies Descalzos», para ayudar a los niños pobres de Colombia.

Enrique Martín nació en San Juan de Puerto Rico el veinticuatro de diciembre de mil novecientos setenta y uno. Fue un niño prodigio y con solo doce años formó parte del grupo musical «Menudo».

Cinco años después, con diecisiete años, se fue a vivir a Nueva York donde trabajó como modelo para pagarse los estudios de canto e interpretación.

En mil novecientos noventa y cuatro colaboró en la serie estadounidense «Hospital Central», logrando un gran éxito.

Entre mil novecientos noventa y nueve y dos mil siete consiguió los premios más importantes de la música latina.

Además de cantante y actor es embajador de UNICEF y dirige la «Fundación Ricky Martin» para proteger los derechos de los niños.

27 Ejercicio 3

David Ferrer nació en Jávea, en España, el dos de abril de mil novecientos ochenta y dos. Empezó a jugar al tenis a los ocho años. Su padre y su hermano fueron sus primeros compañeros de cancha. En el año dos mil se hizo profesional y logró su primer trofeo en el dos mil dos: ganó el Torneo de Bucarest. Después, en el dos mil cinco, ganó el de Acapulco.

Uno de los momentos más importantes de su carrera fue en el dos mil ocho: participó en las Olimpiadas de Pekín representando a España.

Su mayor afición es el fútbol: además de practicarlo, es seguidor del Valencia y del Barcelona.

28 Ejercicio 5

Santiago Segura nació en Madrid el diecisiete de julio de mil novecientos sesenta y cinco. De niño fue un gran aficionado a los tebeos y al cine y en el instituto rodó sus primeros cortos con una cámara Súper 8.

De joven también trabajó como presentador de televisión y actor de doblaje.

Es un buen dibujante y creó sus propios cómics. Estudió la carrera de Bellas Artes en la universidad.

A la edad de dieciocho años consiguió un premio Goya al mejor corto.

Dos años después, y dirigido por Álex de la

Iglesia, Segura protagonizó una de las películas españolas de mayor éxito: *El día de la bestia*.

Más adelante se hizo famoso como director con su primer largometraje, *Torrente, el brazo tonto de la ley*: las aventuras de un policía antihéroe, al que siguieron varias películas sobre el mismo personaje, las más taquilleras del cine español. Actualmente es actor, guionista, director y productor de cine español.

CULTURA

29 Ejercicio 2
Cristóbal Colón

Cristóbal Colón nació en Génova (Italia), en mil cuatrocientos cincuenta y uno. Se interesó desde niño por la navegación y, desde muy joven, trabajó como marinero. En mil cuatrocientos setenta y siete se casó con Felipa Muñiz y cinco años después tuvieron su primer hijo.

Interesado por la geografía, estudió los mapas de la época y pensó en la posibilidad de viajar a las Indias Orientales. En mil cuatrocientos ochenta y cuatro viajó a España, presentó su proyecto a los Reyes Católicos y logró su apoyo económico.

El tres de agosto de mil cuatrocientos noventa y dos Colón salió de España y el doce de octubre del mismo año él y su tripulación desembarcaron por primera vez en una isla del Caribe a la que llamaron San Salvador.

A partir de entonces, Colón realizó otros viajes, pero ninguno tuvo tanto éxito como el primero.

Olvidado, triste y enfermo, el gran navegante murió el veinte de mayo de mil quinientos seis en Valladolid (España).

UNIDAD 4
En casa y en el colegio
VOCABULARIO

30 Ejercicio 6
Aulas del mundo
India. El país de los niños

En la India nacen más de cuarenta millones de niños al año. Uno de cada cinco no va al colegio, porque tienen que trabajar desde muy pequeños, según UNICEF. En la foto vemos un grupo de niños indios en su clase de religión.

Europa. Educación infantil

La mitad de los países del mundo no tienen escuelas infantiles para niños menores de tres años. En Europa más del veinticinco por ciento de los niños va a la guardería. En la foto, un grupo de niños en su escuela infantil.

África despierta

En África el número de niños que va al colegio es cada vez mayor. El número de escuelas está creciendo desde el año dos mil más que en cualquier otra parte del mundo, según la UNESCO. En la fotografía vemos a los niños de una escuela africana en su clase de Matemáticas.

China. De la agricultura a la tecnología

El número de familias chinas que cambian su vida en el campo por la ciudad es cada vez mayor. Por eso el gobierno chino está construyendo nuevas y modernas escuelas en las ciudades. En la imagen podemos ver a un grupo de niños chinos en su aula de idiomas.

COMUNICACIÓN

31 Ejercicio 1

PEDRO: Estamos haciendo una entrevista sobre el uso de los juegos de ordenador para la revista del instituto. ¿Te importa contestar a algunas preguntas?

NURIA: No, claro que no.

PEDRO: En la época de nuestros padres los niños no tenían ordenador. Ahora nosotros dedicamos más de la mitad de nuestro tiempo libre a jugar con él. ¿Tú qué opinas de esto?

NURIA: Yo creo que son una buena opción para el tiempo libre porque la mayoría de los juegos de ordenador son divertidos y educativos.

PEDRO: Pero yo creo que antes tenían más imaginación que nosotros a la hora de jugar, ¿no?

NURIA: Yo también. Creo que ahora dependemos demasiado de la tecnología.

PEDRO: Además, yo opino que el ordenador nos quita tiempo para relacionarnos con los amigos. ¿Qué piensas tú?

NURIA: Creo que tienes razón. Hay chicos y chicas que están demasiado tiempo con el ordenador y no salen con los amigos.

PEDRO: En el colegio nos dicen que hay que dedicarle más tiempo a la lectura. ¿Estás de acuerdo?

NURIA: Sí, estoy de acuerdo. Uno de mis propósitos para el nuevo año es jugar un poco menos con el ordenador y leer un poco más.

PEDRO: Gracias por tu colaboración, Nuria.

COMUNICACIÓN Y VOCABULARIO

32 Ejercicio 1

Europa: Reino Unido, Polonia, Portugal, España, Francia, Rumanía, Croacia, Ucrania, Italia. **Asia:** Japón, China. **África:** Marruecos, Sudáfrica. **Oceanía:** Australia, Nueva Zelanda. **Norteamérica:** Canadá, Estados Unidos. **Sudamérica:** Argentina, Brasil, Ecuador, Perú, Chile.

DESTREZAS

33 Ejercicio 2

Una publicación reciente de la UNESCO ha recogido opiniones de chicos de enseñanza secundaria de todo el mundo que refleja sus opiniones sobre la educación. Nosotros hemos hablado con algunos estudiantes que participan en este trabajo y estas son sus opiniones:

- «Los niños y las niñas no deben ver tanta televisión en sus casas, porque los programas no son educativos, no enseñan nada, y los estudiantes pierden su tiempo y no hacen sus deberes. En todas las escuelas tiene que haber bibliotecas para llevar los libros de lectura a casa».

- «… Todos los padres deben ocuparse de sus hijos, estimularlos y ayudarlos. Hablar más con sus hijos sobre las drogas, la vida, la sexualidad, etcétera. Todos debemos respetar a las personas que son diferentes».

- «Creo que el método más interesante para la educación es el de los intercambios escolares, cuando los estudiantes van a visitar una escuela en otro país. De esta manera podemos aprender mucho sobre otras culturas, religiones y encontrar nuevos amigos en todo el mundo. También mejoramos nuestros conocimientos de geografía y lenguas extranjeras».

34 Ejercicio 2
La vida en la prehistoria

La vida de nuestros antepasados era muy distinta de la actual. El clima era duro y buscar una cueva era lo más importante. Comían raíces, frutos y carne de los animales que cazaban: osos, bisontes, mamuts... Los pueblos que vivían junto al mar se alimentaban fundamentalmente de pescado. Entonces el avance más importante para la vida en la prehistoria fue el descubrimiento del fuego, porque con él podían cocinar los alimentos, abrigarse y defenderse de los animales.

Ahora podemos encontrar mucha información sobre la vida de nuestros antepasados en las pinturas rupestres de las cuevas donde habitaban.

En España, las pinturas rupestres más importantes se encuentran en las cuevas de Altamira, en Santillana del Mar. En ellas el animal más representado es el bisonte, junto a caballos y ciervos. Estas pinturas eran imágenes de caza o de batallas entre tribus, representadas por los ciervos y los bisontes.

Después del periodo glacial, el clima cambió y nuestros antepasados abandonaron las cuevas para vivir en el exterior. Entonces descubrieron la agricultura y su vida se transformó para siempre.

UNIDAD 5
El tráfico en mi ciudad
VOCABULARIO

35 Ejercicio 1

1 avión; **2** bicicleta; **3** tren; **4** metro; **5** coche; **6** barco; **7** moto; **8** furgoneta; **9** autobús; **10** camión; **11** taxi; **12** tranvía; **13** helicóptero.

36 Ejercicio 3

1 La mujer y el bebé van por la acera. **2** Los semáforos del cruce no funcionan porque están estropeados y se ha formado un atasco. **3** El camión ha chocado con la señal de tráfico. **4** Por el puente solo circula una moto. **5** Los perros cruzan tranquilamente por el paso de cebra. **6** El peatón no puede cruzar porque el semáforo está rojo.

③⁷ Ejercicio 4
Sucedió en Barcelona

Ayer por la mañana un coche y una furgoneta tuvieron un accidente en la calle de la Constitución. Un camión estaba estropeado y el conductor no podía moverlo. Eran las ocho de la mañana y había mucho tráfico, así que se formó un gran atasco. Los conductores de los automóviles estaban muy nerviosos y uno de ellos intentó adelantar al camión. Desgraciadamente, una furgoneta venía en dirección contraria. Los dos frenaron, pero el accidente fue inevitable. El conductor de la furgoneta sufrió heridas importantes. Los dos vehículos quedaron muy dañados.

Sucedió en Madrid

Ayer por la tarde, un joven conductor de veinte años conducía a gran velocidad adelantando a otros vehículos cuando en el cruce de la avenida de las Naciones con la calle de Lisboa dio un golpe a un coche aparcado y, después de subirse a la acera y tirar varias señales de tráfico, chocó contra una parada de autobús. Una señora que esperaba el autobús resultó gravemente herida.

COMUNICACIÓN

③⁸ Ejercicio 3

GEMA: ¿Perdona, es esta la Puerta del Sol?

UN JOVEN: Sí, sí, es esta.

GEMA: ¿Puedes decirme cómo se va a la Plaza de España?

UN JOVEN: Sí, está aquí cerca. Sigue todo recto por la calle del Arenal y al llegar a la Plaza de Oriente, entre el Teatro Real y el Palacio Real, tuerce a la derecha y sigue todo recto hasta la Plaza de España.

COMUNICACIÓN Y VOCABULARIO

③⁹ Ejercicio 3
1

HOMBRE: ¡No sé dónde está! ¡No lo encuentro!

MUJER: ¿No está en el bolsillo de tu chaqueta?

HOMBRE: ¡No, no está!

MUJER: ¡Tiene que estar ahí! ¡Mira otra vez!

HOMBRE: Pues no, no está. ¿Qué voy a hacer ahora? No puedo entrar en el país.

MUJER: ¿Tienes otro documento con tu foto?

HOMBRE: Espera un momento. Está aquí, en mi mochila. Puf, ¡menos mal!

2

HOMBRE: ¿Dónde vais de vacaciones el verano que viene?

MUJER: Vamos a Andalucía. Queremos visitar Sevilla, Córdoba y Granada.

HOMBRE: ¿Ya tenéis los billetes de avión, los hoteles y todo eso?

MUJER: Sí, fue muy sencillo. Contratamos todo: el viaje, el hotel, el desayuno y la cena. Lo único que no está incluido es la comida del mediodía.

3

CHICO: ¿Qué información os dio sobre el museo?

CHICA: Nos dijo que estaba en un edificio del siglo dieciocho y que tenía pinturas de artistas de todo el mundo.

CHICO: ¿Y os dio alguna información sobre algún restaurante o café por allí cerca?

CHICA: Pues sí, nos dijo que había un restaurante un poco más abajo que estaba muy bien y que no era nada caro.

DESTREZAS

④⁰ Ejercicio 2
¿Qué sabes de Buenos Aires?

Buenos Aires es la segunda ciudad más grande de Sudamérica y uno de los mayores centros urbanos del mundo. La ciudad está en el sur del continente americano y es la capital de la República Argentina.

La ciudad es además el centro cultural más importante de Argentina y uno de los principales de América Latina. Tiene muchos museos, bibliotecas y teatros. En sus bares y cafés es fácil ver espectáculos de su baile más popular, el tango.

La ciudad se construyó alrededor de su Plaza Mayor, hoy conocida como Plaza de Mayo. En ella están la Catedral, el Banco de la Nación y la Casa Rosada, sede del Gobierno.

El deporte más popular de la ciudad, al igual que en todo el país es el fútbol y gran parte de los equipos más importantes, como River Plate y Boca Juniors, están en Buenos Aires. Su futbolista más querido y admirado es Diego Armando Maradona.

④¹ Ejercicio 2
¡Bienvenidos a Ciudad de México!

Ciudad de México es la capital de los Estados Unidos Mexicanos. Es la ciudad más poblada del país y una de las concentraciones urbanas mayores del mundo, con nueve millones de habitantes.

El centro histórico de la Ciudad de México tiene grandes construcciones de gran valor histórico y artístico. Hay más de mil cuatrocientos edificios importantes repartidos en nueve kilómetros cuadrados de superficie. Por su gran valor histórico, el centro de la ciudad fue declarado Patrimonio Cultural de la Humanidad por la UNESCO.

Ciudad de México es famosa porque en mil novecientos sesenta y ocho se celebraron los Juegos Olímpicos y los Campeonatos Mundiales de Fútbol de mil novecientos setenta y mil novecientos ochenta y seis. Los equipos de fútbol más conocidos son: Club América, Club Azul y Pumas. Se celebran numerosas fiestas populares: el Día de la Independencia, el Día de los Muertos, las peregrinaciones a la Basílica de Guadalupe... Estas fiestas reúnen a miles de personas de todo el país y del extranjero.

UNIDAD 6
¿Qué te pasa?
VOCABULARIO

④² Ejercicio 1

1 cansado; **2** nervioso; **3** de mal humor; **4** enfermo; **5** tranquilo; **6** de buen humor; **7** preocupado; **8** enamorado.

④³ Ejercicio 6

ENTREVISTADOR: Hoy está con nosotros el entrenador de atletismo que nos va a contestar las preguntas de nuestros oyentes sobre cómo tienen que prepararse para correr una media maratón.

ANA: ¿Cuánto tiempo necesito entrenar para preparar la carrera?

LUIS: Para correr una media maratón infantil, necesitas un plan de entrenamiento de unas seis semanas.

CARLOS: ¿Qué entrenamiento tengo que hacer para no lesionarme?

LUIS: Para evitar lesiones, tienes que seguir los siguientes consejos: no corras por la carretera, haz ejercicios de estiramiento después de entrenar y no entrenes más de dos horas seguidas los primeros días.

BELÉN: Cuando corro dos horas seguidas, me duelen los pies y las piernas. ¿Qué puedo hacer?

LUIS: Para evitar el dolor de pies, utiliza unas buenas zapatillas de deporte y, si te duelen las piernas, descansa un par de días. Cada cuatro días de entrenamiento, descansa uno.

RAÚL: ¿Tengo que comer alguna comida especial?

LUIS: Por supuesto, no te olvides de cuidar tu alimentación. Tienes que llevar una dieta sana. Come mucha pasta y proteínas y no tomes grasas ni muchos dulces. No hay que desayunar mucho ese día para no tener dolor de estómago ni sed. Para no tener hambre, tenéis que comer algo de fruta durante la carrera. Y un último consejo para todos nuestros jóvenes atletas: tenéis que estar tranquilos el día antes de la carrera y dormir al menos ocho horas.

COMUNICACIÓN

44 Ejercicio 1
Adolescencia y salud

La doctora Pérez aconseja a los adolescentes sobre cómo solucionar algunos de sus problemas de salud más comunes.

Ansiedad. ¿Te despiertas nervioso por las noches? ¿Te duele el estómago antes de un examen? El ejercicio es la mejor manera de acabar con el estrés. Deberías practicar algún deporte o, simplemente, caminar con frecuencia.

Nuevas tecnologías. Pasar mucho tiempo con el ordenador o leyendo o escribiendo en tu teléfono móvil o jugando con la videoconsola te puede provocar dolor de cabeza y causar problemas de visión. Descansa la vista cuando tengas los primeros síntomas de cansancio.

Alimentación. Come mucha fruta y verduras para evitar los resfriados y catarros en invierno. No deberías comer demasiados dulces, pueden causar importantes daños a tus dientes y causar obesidad. ¿Has probado los caramelos y chicles sin azúcar? Casi no se nota la diferencia.

Música. ¿Escuchas música con el volumen muy alto? Ten cuidado, esto puede producirte dolor de oídos y posibles problemas de audición en el futuro.

Vacaciones. Tomar el sol durante mucho tiempo es muy peligroso para la piel. En cualquier caso, siempre hay que hacerlo con protección solar. Evita las picaduras de insectos usando camisetas de manga larga y pantalones largos al anochecer. Si te pica un mosquito, utiliza un poco de hielo.

Espalda: No deberías llevar demasiado peso en tu mochila y tendrías que mantener una postura correcta; así puedes evitar los problemas de espalda.

45 Ejercicio 2

SARA: ¿Qué te pasa Ester?

ESTER: No me siento bien. Me duele el estómago y estoy un poco mareada.

SARA: ¿Has desayunado esta mañana?

ESTER: Muy poco. Solo he tomado un vaso de leche.

SARA: Deberías comer algo. ¿Por qué no vas a la cafetería y te comes un bocadillo?

ESTER: Sí, creo que tienes razón.

COMUNICACIÓN Y VOCABULARIO

46 Ejercicio 1

salud; obesidad; hacer ejercicio; vida social; estrés; dieta; vegetariano; acoso; depresión; relación; discusiones; imagen.

DESTREZAS

47 Ejercicio 1
¿Por qué el dieciséis por ciento de los jóvenes españoles son obesos?

La genética, la sobrealimentación y la falta de ejercicio son las tres causas de la obesidad, según un estudio de la Unión Europea sobre los hábitos de los jóvenes.

El estudio dice que el transporte escolar de adolescentes menores de dieciséis años se ha duplicado en los últimos veinte años: más del treinta por ciento de los adolescentes ya no van andando al colegio.

La falta de actividad física en la vida diaria de los jóvenes es probablemente la causa principal del aumento del sobrepeso. En España solo el nueve por ciento de las chicas de quince años hace ejercicio cuatro veces por semana. Además, la actividad deportiva se reduce con la edad, especialmente en las mujeres.

A esto se une el uso incorrecto de la tecnología. Los fines de semana, los adolescentes y niños europeos pasan la mayor parte de su tiempo enfrente de la televisión. Los niños ven más televisión que las niñas y dedican un mayor número de horas a los videojuegos. El estudio dice también que con el aumento de la obesidad crecen otras enfermedades como la bulimia y la anorexia.

48 Ejercicio 4

ARTURO: ¡Hola, Laura! Estoy haciendo una encuesta para la revista del instituto sobre los hábitos de los estudiantes de secundaria. ¿Me podrías contestar unas preguntas?

LAURA: Sí, venga. Pregúntame lo que quieras.

ARTURO: ¿Cómo has venido al instituto esta semana?

LAURA: Normalmente vengo andando, pero el jueves me trajo mi padre en coche.

ARTURO: ¿Practicas algún deporte?

LAURA: Sí, estoy en el equipo de baloncesto de mi barrio.

ARTURO: ¿Cuántos días has entrenado esta semana?

LAURA: Siempre entrenamos los lunes, miércoles y viernes, y los sábados jugamos un partido de liga.

ARTURO: Y durante el fin de semana, además de jugar al baloncesto, ¿qué más has hecho?

LAURA: El sábado por la tarde salí con mis amigos y este domingo me he quedado en casa haciendo los deberes. Cuando acabé, jugué al ordenador y vi la tele con mi familia.

ARTURO: ¿Cuántas horas de televisión ves diariamente?

LAURA: No muchas, una o dos horas al día. Los fines de semana, algo más.

ARTURO: Muchas gracias, Laura.

CULTURA

49 Ejercicio 2
El Camino de Santiago

El Camino de Santiago es el recorrido que hacen los peregrinos cristianos que se dirigen a Santiago de Compostela para visitar la tumba del apóstol Santiago. Esta peregrinación comenzó en el siglo nueve, pero ha sido a partir de la segunda mitad del siglo veinte cuando se ha hecho más popular.

El Camino es una ruta por pueblos, ciudades, campos, bosques..., preparada para hacerla a pie, en bicicleta o a caballo. No está preparada para vehículos a motor.

Puedes alojarte donde quieras: hoteles, albergues, en una tienda de campaña o bajo las estrellas. Los albergues de peregrinos son muy variados, desde un polideportivo hasta una moderna casa rural. A veces puedes dormir gratis y otras veces tienes que pagar. En los albergues tienes que seguir las siguientes normas:

- no se puede hacer ruido por la noche;

-al irse del albergue hay que dejarlo todo limpio y ordenado;

-los peregrinos de a pie tienen preferencia sobre los ciclistas;

-no se puede dormir más de una noche salvo por enfermedad;

-los grupos de más de nueve personas tienen que dormir en tiendas de campaña.

Durante el año dos mil quince más de doscientos cincuenta mil peregrinos hicieron el Camino de Santiago.

UNIDAD 7
¿A quién se parece?
VOCABULARIO
50 Ejercicio 1

simpático – antipático; educado – maleducado; tranquilo – nervioso; optimista – pesimista; perezoso – activo; triste – alegre; aburrido – divertido; tímido – sociable.

51 Ejercicio 3

Hola, soy Alberto y voy a contaros cómo son los miembros de mi familia.

Mi madre es una mujer muy tranquila y nunca se pone nerviosa cuando mis hermanos pequeños se pelean. Le gusta mucho leer y oír música.

Mi hermano Alejandro tiene diecisiete años y le gusta mucho la música. Desde que se levanta hasta que se acuesta está escuchando música. Está en un grupo de rock, y él y sus amigos tocan la guitarra en casa. Son muy divertidos y simpáticos. Me gusta mucho es-

tar con ellos cuando tocan en su habitación. Son muy optimistas, siempre creen que van a ser famosos.

Los mellizos son traviesos y maleducados. Se llaman Sara y Borja: Sara es más tímida, pero Borja es muy alegre. Se pelean sin parar, pero luego siempre quieren jugar juntos.

Mi padre es el más aburrido de la familia. Es un perezoso y lo que más le gusta es ver la tele. Todo lo contrario que mi abuela. Es la persona más activa que he visto en mi vida. Es muy optimista y dice que va a vivir más de cien años, porque hace mucho deporte.

52 Ejercicio 6
Javier Bardem

Es el actor español más conocido internacionalmente. En el dos mil ocho consiguió el Óscar al mejor actor de reparto por su película *No es país para viejos*. Este gran actor ha crecido en una familia de artistas españoles: «Los Bardem». Sus hermanos son actores, su madre es actriz y su tío era director de cine.

Es una persona tranquila, simpática y generosa, que intenta mantener su vida privada fuera de las revistas del corazón. Físicamente es alto y fuerte porque siempre ha practicado mucho deporte. Formó parte de la selección española de rugby.

Penélope Cruz

Esta gran actriz española ha trabajado con algunos de los mejores directores de cine y la revista estadounidense *Time* la eligió «euroestrella» del año por su carácter optimista, simpático y generoso. Es, además, políglota, viajera y ciudadana del mundo. Otras características de Penélope Cruz, como de otros muchos jóvenes europeos, son su interés por hacer obras de caridad, especialmente en la India, y el amor a los animales domésticos.

Para esta actriz de pelo largo, ojos marrones y boca sonriente, su personaje más admirado es la Madre Teresa de Calcuta.

COMUNICACIÓN

53 Ejercicio 2

CARLOS: El sábado que viene es el cumpleaños de Juan y nos ha invitado a su fiesta. ¿Vamos a comprarle un regalo?

BELÉN: Vale. ¿Le compramos un juego de ordenador?

CARLOS: Creo que no es una buena idea. A

Juan no le gustan mucho los videojuegos. Le parecen muy aburridos.

BELÉN: Bueno, pues... ¿por qué no le compramos un libro?

CARLOS: No estoy seguro, pero creo que mi hermano le va a regalar uno.

BELÉN: ¿Y qué tal si le llevamos un disco?

CARLOS: Sí, eso es buena idea. Podemos comprarle el último disco de Maná. Es un grupo que le gusta mucho. Seguro que no se lo regala nadie.

COMUNICACIÓN Y VOCABULARIO

54 Ejercicios 3 y 4

DIEGO: Marta, ¿viste ayer el programa *Cómo ser feliz*?

MARTA: No, ¿estuvo bien?

DIEGO: A mí me pareció muy interesante.

MARTA: ¿Sí? Y, ¿cuál es el secreto para ser feliz?

DIEGO: No hay ningún secreto, solo ser positivo.

MARTA: Sí, pero es difícil ser positivo cuando tienes un problema.

DIEGO: ¿Qué te pasa?

MARTA: Laura y yo estamos enfadadas y no nos hablamos.

DIEGO: Bueno, me imagino que la echas de menos, es tu mejor amiga. Pero hay que ser positivos. Ahora puedes pasar más tiempo con nosotros. ¡También somos tus amigos!

MARTA: Sí, eso es verdad, pero a mí me gustaba mucho pasar los fines de semana con ella. Era muy divertido.

DIEGO: Lo entiendo, pero yo te aconsejo no perder el tiempo. No te quedes en casa. Seguro que en unos días olvidáis los problemas y os habláis otra vez.

MARTA: Eso espero. Y, ¿qué más decían en el programa?

DIEGO: ¡Ah, sí! Decían que hay que participar en alguna actividad. No sé, como formar parte de un equipo y relacionarse con gente nueva.

MARTA: No es mala idea.

DIEGO: Y además decían que lo importante es pasar el tiempo haciendo distintas actividades.

MARTA: O sea, intentar ser feliz, ¿no?

DIEGO: Exactamente. Y también es muy importante vivir el presente. Intentar no echar de menos las relaciones pasadas. Eh, por ejemplo, ¿quieres ir al cine conmigo esta tarde?

MARTA: Déjame pensarlo. Luego te lo digo.

DESTREZAS

55 Ejercicio 2

ENTREVISTADOR: Son las ocho de la tarde y estamos en Radio 1. Comienza nuestro programa *Siglo XXI*. ¿Sabían ustedes que más de la mitad de los estudiantes de secundaria sienten ansiedad cuando no tienen un teléfono móvil en sus manos? Está con nosotros el Defensor del Menor, el señor Robles, para contestarnos a varias preguntas sobre los jóvenes y los teléfonos móviles. Buenas tardes, señor Robles. ¿Para qué usan el móvil nuestros estudiantes de secundaria?

ROBLES: Buenas tardes. Pues los jóvenes usan el teléfono móvil principalmente para escribir mensajes, jugar, buscar información y, algunas veces, para llamar.

ENTREVISTADOR: Ya, pero todo esto lo hacen de una manera especial, ¿no?

ROBLES: ¡Ya lo creo! Desde el nacimiento de la aplicación WhatsApp: la utilizan para comunicarse con sus amigos y, normalmente, con todo un grupo a la vez. La utilizan para todo: para quedar y para intercambiar todo tipo de información como fotos, vídeos, etcétera.

ENTREVISTADOR: ¿Y sus padres están preparados para utilizar esta nueva forma de comunicación?

ROBLES: La información sobre el uso de las nuevas aplicaciones en los móviles, llega cada vez más rápido a los padres, pues la gran mayoría tiene uno y están cada vez más preparados. Además, las utilizan en su vida diaria para comunicarse con sus hijos, entre otras cosas.

ENTREVISTADOR: Y usted ¿qué piensa de todo esto?

ROBLES: Yo creo que no es negativo. Es una realidad y todos debemos hacer un esfuerzo para no distanciarnos de nuestros hijos.

56 Ejercicio 5
Mi mejor amigo

Mi mejor amigo se llama Miguel. Tiene catorce años, vive cerca de mi casa y vamos al mismo instituto.

Miguel es muy simpático. Me gusta estar con él porque es optimista y divertido. Nos vemos todos los días en el recreo y algunas tardes nos reunimos para hacer los deberes. Cuando no sé hacer algún ejercicio, él me lo explica. Hablamos muchas veces por WhatsApp y nos intercambiamos información, vídeos, etcétera.

También estamos en el mismo equipo de fútbol. Los martes y los jueves entrenamos y todos los sábados jugamos un partido.

Además, algunos sábados por la tarde viene a mi casa y jugamos con videojuegos o vemos la televisión.

CULTURA

57 Ejercicio 3
Toma tomate

El pueblo valenciano de Buñol está organizando, como todos los años, para el próximo treinta de agosto la mayor batalla de tomates del mundo: la Tomatina.

Es una fiesta que reúne a miles de vecinos y visitantes de todo el mundo. En ella se utilizan cien mil kilos de tomates en una batalla entre más treinta mil personas. A pesar de esta gran cantidad de gente, durante todos los años que se ha celebrado, nunca ha habido grandes problemas.

Todos los participantes tienen que obedecer las siguientes reglas:

- no debes llevar botellas;

- no debes romper la ropa del contrincante;

- tienes que aplastar los tomates antes de lanzarlos;

- no debes lanzar ningún tomate después de las dos de la tarde.

Consejos prácticos:

- no lleves ropa que quieras volver a ponerte;

- unas gafas de bucear pueden ser muy útiles;

- disfruta al máximo, es muy divertido lanzar tomates durante una hora a todos tus amigos y vecinos.

Si quieres más información, visita la página: www.latomatina.es

UNIDAD 8
El futuro del planeta

VOCABULARIO
58 Ejercicio 1

- No tires periódicos ni revistas a la basura: ¡recíclalos!

- No malgastes agua: cierra el grifo mientras te lavas los dientes.

- Ahorra electricidad: apaga las luces cuando salgas de una habitación.

- Reutiliza las bolsas de plástico.

- No enciendas fuego en el monte: protege la naturaleza.

- Los coches contaminan el aire: utiliza la bicicleta, el transporte público o ve andando siempre que puedas.

59 Ejercicio 5
Cómo ahorrar energía en casa

Ahorrar electricidad y gas en el hogar es fácil. Solo hay que seguir unos consejos y esperar que los resultados se noten en el medioambiente y en el bolsillo.

En los meses de invierno aumenta mucho el consumo de energía en todos los hogares. Según los últimos estudios se puede ahorrar hasta un diez por ciento de energía siguiendo unos pocos consejos sencillos.

Tener el congelador lleno de hielo consume un treinta por ciento más. Cocinar con una olla a presión ahorra hasta un cincuenta por ciento de energía. El horno eléctrico gasta un setenta por ciento más de electricidad que el microondas. Pero lo que más energía consume en una casa, un cuarenta y seis por ciento del total, es la calefacción y el aire acondicionado. Subir la calefacción por encima de los veinte grados centígrados o el aire acondicionado por debajo de los veinticinco grados centígrados supone un aumento de gasto de energía de un siete por ciento por cada grado. El ochenta por ciento de la energía que consume una lavadora se usa en calentar el agua. Por eso, lavar a baja temperatura es la mejor forma de ahorrar. Las bombillas de bajo consumo necesitan un ochenta por ciento menos de electricidad que las tradicionales. El único problema es que son más caras, pero duran más.

¿Sabes que un ordenador encendido o una televisión en modo de espera no dejan de gastar energía?

Al grito de «¡Hay que expulsar a los ladrones de energía de casa!», Greenpeace ha publicado una guía en internet en la que nos cuenta cómo podemos ahorrar energía en nuestra casa.

Consulta sus consejos en: www.greenpeace.com

GRAMÁTICA

60 Ejercicio 3

En el futuro...

- Los ríos estarán más limpios porque las fábricas contaminarán menos.

- El aire estará menos contaminado porque los coches funcionarán con energía solar.

- Los bosques no desaparecerán porque no cortaremos los árboles.

- Tendremos más tiempo libre porque trabajaremos menos horas.

- Iremos de vacaciones a la Luna porque el viaje no será muy caro.

- Los transportes serán más rápidos porque los autobuses y los taxis podrán volar.

COMUNICACIÓN

61 Ejercicio 2

SILVIA: El campo y los ríos cada vez están más sucios. A mí me gustaría colaborar con algún grupo ecologista. ¿A ti no te gustaría?

GUILLERMO: Sí, a mí también. Me molesta mucho ver todos los días en la televisión cómo se está estropeando la naturaleza y no hacer nada.

SILVIA: Yo creo que sí podemos hacer algo. Si todos ayudamos, algunos problemas podrán solucionarse.

GUILLERMO: Al llegar a casa, podemos buscar en internet información sobre alguna organización ecologista para jóvenes. ¿Qué te parece?

COMUNICACIÓN Y VOCABULARIO

62 Ejercicio 1

lince; águila; abeja; oso panda; cigüeña negra; rana; pingüino; sapo; oso polar; rinoceronte; ballena; tortuga; gorila.

63 Ejercicio 2

1 Los humanos cazan rinocerontes por el gran valor de sus cuernos.

2 El lince es un felino de patas largas y cola corta.

3 El oso panda es el símbolo del Fondo mundial para la protección de la naturaleza desde mil novecientos sesenta y uno.

4 Las águilas viven en todos los hábitats del mundo excepto en la Antártida.

5 El ADN de los gorilas es un noventa y siete o noventa y ocho por ciento igual al humano.

6 Grandes áreas de hielo, donde cazan los osos polares, se están descongelando.

7 Las ranas y los sapos son el grupo más numeroso de anfibios.

8 En la Antártida los pingüinos están protegidos.

9 Las tortugas son uno de los seres vivos más antiguos de este planeta. Habitan la Tierra desde hace ciento diez millones de años.

10 La población de cigüeñas negras en Europa es más o menos de quinientas parejas.

11 En algunos países, sus habitantes comen carne de ballena.

12 Miles de abejas mueren cada año por la agricultura industrial y el uso de productos tóxicos.

64 Ejercicios 5 y 6

RAFA: ¿Sobre qué animal vas a hacer el proyecto?

SARA: Sobre las ballenas. He encontrado bastante información en internet y me parecen unos animales interesantísimos.

RAFA: Y, ¿qué es lo que te llama más la atención?

SARA: Bueno, sobre todo que son unos animales muy inteligentes. ¿Sabías que tienen su propio lenguaje?

RAFA: ¿Qué dices? ¡Los peces no saben hablar!

SARA: ¡No son peces, Rafa! ¡Son mamíferos!

RAFA: Bueno, si tú lo dices…

SARA: Lo que sí se sabe es que las ballenas hacen ruidos debajo del agua, para comunicarse entre ellas.

RAFA: Ah, ¿sí?, pues yo no lo sabía.

SARA: Y, además, son animales muy sociables. Cuando la gente va a observar ballenas, estas normalmente suben a la superficie y nadan al lado de los barcos.

RAFA: Buf, me encantaría ver una ballena de verdad.

SARA: A mí también. Pero tendrá que ser pronto, antes de que desaparezcan.

RAFA: Pero la pesca de ballenas está prohibida en todo el mundo, ¿no?

SARA: Sí, pero todavía las pescan en algunos países. Además, otro problema son los barcos.

RAFA: ¿Los barcos?

SARA: Sí, a veces los barcos matan ballenas sin querer.

RAFA: ¡Es horrible!

SARA: Sí… Bueno, y tú, ¿sobre qué vas a hacer el proyecto?

RAFA: La verdad es que aún no lo he decidido. Probablemente sobre las serpientes.

SARA: ¿Las serpientes? Pero si no están en peligro de extinción…

RAFA: Ya, pero yo sé mucho de serpientes. Mi hermano tiene una serpiente de mascota.

SARA: ¡No fastidies! ¡Qué asco!

DESTREZAS

65 Ejercicio 2

ENTREVISTADOR: Hoy está con nosotros Javier Rico, periodista del periódico *El País* y especialista en la flora y fauna española. Sabemos que la cigüeña negra es un ave en peligro de extinción. ¿Dónde podemos encontrarla?

JAVIER: Podemos verla en primavera en las montañas de Madrid, cuando llega de África.

ENTREVISTADOR: ¿Qué comen estas aves?

JAVIER: Se alimentan principalmente de ranas e insectos.

ENTREVISTADOR: ¿Y cómo son estas cigüeñas?

JAVIER: Además de sus plumas negras, tienen las patas y el pico rojo.

ENTREVISTADOR: ¿Cuál es su hábitat natural?

JAVIER: La cigüeña negra vive en montañas con muchos árboles y rocas, cerca de ríos de aguas tranquilas y limpias para pescar.

ENTREVISTADOR: ¿Sabemos cuántas cigüeñas negras viven en Madrid?

JAVIER: En la actualidad, en la Comunidad de Madrid hay censadas trece parejas, a las que tenemos que cuidar con mucho cariño.

Ejercicio 4
El lince ibérico

El lince ibérico es un felino de patas largas y cola corta. Sus orejas son puntiagudas y tiene unas barbas alargadas a los lados de la cara. El lince es de color gris con manchas negras.

Vive en los bosques de Doñana, en el sur de España, en zonas alejadas de la actividad humana.

Se alimenta fundamentalmente de conejos. Cuando no hay conejos, también come mamíferos pequeños y aves.

La población del lince ibérico se ha reducido en los últimos años en más de un cincuenta por ciento, debido sobre todo a la actividad humana, a la escasez de conejos y a la caza.

CULTURA
Ejercicio 2
Doñana

El Parque Nacional de Doñana está situado en el sudoeste de España, en Andalucía. Fue declarado Patrimonio de la Humanidad por la UNESCO en mil novecientos noventa y cuatro.

Este parque está considerado como la mayor reserva ecológica de Europa. En él viven distintas especies de anfibios, reptiles y mamíferos, alguno de ellos en peligro de extinción, como por ejemplo el lince ibérico, y durante el invierno recibe la visita de más de doscientas mil aves acuáticas de distintas especies.

El Parque de Doñana tiene un clima suave, de tipo mediterráneo, con inviernos húmedos y veranos secos. Las temperaturas son suaves –una temperatura media anual de unos quince grados centígrados–.

En los alrededores del parque hay varios centros de visitantes donde se organizan visitas guiadas. Si quieres visitar el Parque en 4x4 o en autobús, realizar sendas para conocer su fauna y su flora, o hacer una ruta fotográfica, tendrás que consultar la página www.donana-nature.com, donde encontrarás toda la información necesaria.

UNIDAD 9
Sucesos

VOCABULARIO
Ejercicio 1

1 robo; **2** asesinato; **3** cárcel; **4** comisaría; **5** policía; **6** juzgado; **7** juez; **8** abogado; **9** testigo; **10** acusado.

GRAMÁTICA
Ejercicio 8

ARTURO: ¿Te he contado lo que pasó el otro sábado?

NURIA: No. Cuéntamelo.

ARTURO: Bueno, pues el sábado pasado estaba estudiando en mi habitación cuando oí un disparo en la calle. Fue un ruido tremendo.

NURIA: ¿Y qué pasó luego?

ARTURO: Mi hermano y yo salimos a la calle, pero no vimos nada.

NURIA: ¿Qué hora era?

ARTURO: Eran las ocho de la tarde.

NURIA: Mira, hoy es sábado. Ya verás como a las ocho se oye otra vez el mismo ruido.

ARTURO: ¡Oye, es increíble! ¡Otra vez el mismo disparo!

NURIA: No es un disparo, Arturo. Son las fiestas del barrio y es el petardo que anuncia el comienzo de la feria.

COMUNICACIÓN
Ejercicio 3

POLICÍA: ¿Qué hora era cuando estabas paseando por el parque?

JAIME: Eran alrededor de las siete de la tarde. Venía de casa de mi primo.

POLICÍA: ¿Qué viste?

JAIME: Vi a dos ladrones robando a una señora.

POLICÍA: ¿Qué estaban haciendo?

JAIME: Le estaban quitando el bolso.

POLICÍA: ¿Cómo eran?

JAIME: Uno era alto y delgado y el otro era más bajo y más gordo.

POLICÍA: ¿Qué ropa llevaban?

JAIME: El alto llevaba vaqueros y una chaqueta negra. El bajo llevaba un chándal azul.

COMUNICACIÓN Y VOCABULARIO
Ejercicio 1

Problemas – cosas negativas: tráfico, delincuencia, contaminación, ruido, grafitis, suciedad.

Cosas útiles – cosas positivas: transporte público, instalaciones deportivas, centros de salud.

DESTREZAS
Ejercicio 1
La herencia de la tía Ágata

Alguien ha asesinado a la tía Ágata. La tía Ágata se ha ido de entre nosotros para siempre y no queda ningún pariente suyo con vida. Sus riquezas han quedado a la disposición de uno de sus ocho amigos y empleados, que están ansiosos por escuchar la lectura de su testamento. Pero este dice que solo uno de ellos heredará su fabulosa fortuna. Estos son cuatro de los personajes favoritos de la tía Ágata. ¿Quién es el asesino?

<u>Rosendo, el jardinero</u>. Ha pasado toda su vida cuidando del jardín de la tía Ágata. El día del asesinato de la tía Ágata estaba regando el jardín y plantando rosas.

<u>Lola, la peluquera</u>. Lola esperaba algún día tener mucho dinero para abrir su propia peluquería. En el momento del asesinato estaba en un desfile de modelos.

<u>Alfredo, el cocinero.</u> Su objetivo en esta vida es tener el mejor restaurante de España. En la cocina es un auténtico peligro, porque domina todos los sabores. El día del asesinato cocinó pato a la naranja.

<u>Fermín, el chófer.</u> Ha servido a la tía Ágata durante más de treinta años. Ahora que Ágata se ha ido, el sueño de Fermín es hacer un crucero. A la hora del asesinato estaba viendo por la tele el campeonato de Fórmula 1.

Ejercicio 3

Ahora escucha la descripción de los otros cuatro amigos de la tía Ágata. Después tendrás que decidir quién crees tú que es el asesino.

<u>Jorge, el profesor de tenis.</u> Guapo y fuerte. Después de dar clases de tenis a la tía Ágata durante los últimos seis años, ahora ve la posibilidad de dejar la enseñanza y dedicarse a la buena vida con los millones de la buena señora. El día del asesinato estaba bañándose en la piscina.

Encarna, la doctora. Encarna ha atendido a la tía Ágata en todas sus enfermedades durante los últimos años, pero el último día, cuando llegó, ya era demasiado tarde. Ahora espera abrir una clínica privada con el dinero de la difunta. El día del asesinato la doctora estaba atendiendo a doña Maruja.

Doña Maruja, la mejor amiga. Maruja siempre contaba las últimas noticias a la tía Ágata, pero la noticia de su muerte ya no se la podrá contar. Ahora con su dinero espera hacerse la cirugía estética. El día del asesinato estaba con la doctora Encarna.

Mariano, el novio. La tía Ágata estaba totalmente enamorada de su novio Mariano. Él siempre le regalaba dulces y joyas. Ahora con sus millones piensa irse a vivir al Caribe. A la hora del asesinato estaba en la peluquería.

CULTURA

74 Ejercicio 2
Don Quijote y Sancho Panza

Don Quijote de la Mancha es el más importante protagonista de la obra universal de Cervantes. El hidalgo tenía unos cincuenta años y era seco y testarudo. Le gustaba levantarse muy temprano. Don Quijote leyó tantos libros de caballerías que, al fin, no tuvo ningún otro deseo que el de ser un caballero él mismo. Por eso se construyó su armadura y se dio un nombre nuevo: don Quijote de la Mancha. Su caballo era viejo y delgado. Lo llamó Rocinante.

Don Quijote quiso encontrar una dama para quererla e impresionarla, como lo hicieron otros caballeros. Pensó que un caballero sin amor es como un árbol sin fruto o un cuerpo sin alma. Se alegró cuando supo a quién dar el nombre de su dama. En un lugar cerca del suyo vivía una chica, de quien se enamoró y la llamó Dulcinea del Toboso. Habló con su vecino Sancho Panza, que era un campesino bastante grueso, y este prometió que lo acompañaría siempre.

De esta manera –con su armadura, con Rocinante y teniendo los pensamientos en su dama– él y Sancho Panza se fueron a caballo y en asno para hacer lo que leyó de los caballeros y para buscar aventuras.

En el texto se ve que don Quijote era muy sensible y que tenía un carácter muy especial. Era inteligente y sabía dar explicaciones a todo. Expresaba sus ideas y las compartía con Sancho.

Sancho Panza era como un niño. Había que decirle lo que tenía que hacer. Era inocente y muy inseguro. Se dejó influir por don Quijote, pero era de buena fe y muy bondadoso también.

Y así, estos dos personajes recorren los caminos de España en busca de aventuras de las que han disfrutado los lectores de esta gran obra.

Primera edición, 2016
Cuarta edición, 2018

Produce: SGEL – Educación
Avda. Valdelaparra, 29
28108 Alcobendas (Madrid)

© Francisca Castro, Ignacio Rodero, Carmen Sardinero
© Sociedad General Española de Librería, S. A., 2016
Avda. Valdelaparra, 29, 28108 Alcobendas (Madrid)

Dirección editorial: Javier Lahuerta
Coordinación editorial: Jaime Corpas
Edición: Yolanda Prieto
Corrección: Ana Sánchez

Diseño de cubierta: Ignacio Rodero Sardinero
Fotografía de cubierta: Diego Lezama
Diseño de interior y maquetación: Verónica Sosa

Ilustraciones: ÁNGELES PEINADOR: pág. 7 (ejs. 2 y 5), pág. 14 (ej. 2), pág. 17 (ej. 1), pág. 25 (ej. 1), pág. 26, pág. 27 (ej. 7), pág. 28, pág. 34 (ej. 1), pág. 39 (ej. 7), pág. 40 (ej. 8), pág. 41 (ej. 1), pág. 48 (ej. 4), pág. 50, pág. 51, pág. 52 (ej. 6), pág. 53 (ej. 1), pág. 60 (ej. 1), pág. 61 (ej. 3), pág. 62, pág. 63 (ej. 2), pág. 64 (ej. 6), pág. 65 (ej. 1), pág. 72 (ejs. 1 y 3), pág. 73 (ej. 3), pág. 74, pág. 75, pág. 76 (ej. 6), pág. 82 (ej. 2), pág. 84 (ej. 1), pág. 86, pág. 87, pág. 94 (ej. 1), pág. 98, pág. 100 (ej. 9), pág. 101 (ej. 1), pág. 108 (ej. 1), pág. 109 (ej. 5), pág. 110 (ejs. 1 y 2), pág. 112 (ej. 9), pág. 113 (ejs. 1 y 3). ING IMAGE: pág. 117 (ej. 2). SHUTTERSTOCK: pág. 5 (mapas), pág. 26 (ej. 3), pág. 30 (ej. 1 mapa), pág. 32 (ej. 2 mapa y ej. 4); pág. 45 (ej. 2), pág. 54 (ej. 1), pág. 58 (ej. 5), pág. 97 (ej. 5), pág. 133 (ej. 1).

Fotografías: CORBIS IMAGES: pág. 67 (ej. 2 foto Maradona), pág. 74 (ej. 2 foto Carolina Marín). CORDON PRESS: pág. 30 (ej. 1 foto 6), pág. 39 (ej. 4 foto Agatha Ruiz de la Prada), pág. 44 (ej. 5 foto Santiago Segura). DREAMSTIME: pág. 30 (ej. 1 foto 7). INGIMAGE: pág. 117 (ej. 2 fotos Miguel de Cervantes). SHUTTERSTOCK: Resto de fotografías, de las cuales, solo para uso de contenido editorial: pág. 18 ej. 1 foto "hacer teatro" (Pavel L Photo and Video / Shutterstock.com); pág. 25 fotos 1 (think4photop / Shutterstock.com), 4 (baitong333 / Shutterstock.com) y 5 (Nikolay Litov / Shutterstock.com); pág. 37 fotos Marc Márquez (Rainer Herhaus / Shutterstock.com): pág. 38 foto Jennifer Lopez (Helga Esteb / Shutterstock.com); pág. 42 ej. 1 fotos 1 (geliatida / Shutterstock.com), 2 (Tang Yan Song / Shutterstock.com), 3 (Nikola Spasenoski / Shutterstock.com) y foto 7 (T photography Shutterstock.com); pág. 43 ej. 2 foto Shakira (Jeff Schultes / Shutterstock.com) y Ricky Martin (s_bukley Shutterstock.com), ej3 foto David Ferrer (Marcos Mesa Sam Wordley); pág. 58 (Takamex / Shutterstock.com); pág. 65 fotos Teatro Real (Rodrigo Garrido / Shutterstock.com) y Puerta del Sol (Anton_Ivanov / Shutterstock.com); pág. 66 ej. 2 (bodrumsurf / Shutterstock.com); pág. 67 ej. 1 fotos tango (Kobby Dagan / Shutterstock.com) y Casa Rosada (meunierd / Shutterstock.com); pág. 69 ej. 2 foto Ciudad de México y volcán Popocatépetl (ChameleonsEye / Shutterstock.com); pág. 70 ej.1 fotos metro (Lipskiy / Shutterstock.com), taxi (Ffooter / Shutterstock.com), autobús (Taina Sohlman / Shutterstock.com), coche (Maksim Toome / Shutterstock.com), tren (Arena Photo UK / Shutterstock.com) y furgoneta (Art Konovalov / Shutterstock.com), pág. 85 fotos de Javier Bardem (Featureflash / Shutterstock.com) y Penélope Cruz (Tinseltown / Shutterstock.com); pág. 88 ej. 5 (Christian Bertrand / Shutterstock.com); pág. 93 ej. 3 (Iakov Filimonov / Shutterstock.com); pág. 114 ej. 2 fotos grafiti (OPIS Zagreb / Shutterstock.com) y atasco (1000 Words / Shutterstock.com), pág. 122 fotos La Habana (Anna Jedynak / Shutterstock.com) y carnaval (Andrey Gontarev / Shutterstock.com); pág. 123 fotos Bogotá (De Jongh Photography / Shutterstock.com) y flamenco (Marcin Krzyzak / Shutterstock.com); pág. 124 foto superior derecha (Hung Chung Chih / Shutterstock.com) y foto central (Fotos593 / Shutterstock.com); pág. 128 fotos 1 (Mat Hayward / Shutterstoc), 2 (Adriano Castelli / Shutterstock), 3 (John Wollwerth / Shutterstock.com), 4 (Sergey Kelin / Shutterstock), 6 (Igor Bulgarin / Shutterstock), 7 (Pavel L Photo and video / Shutterstock.com) y 8 (tichr / Shutterstock.com); pág. 130 fotos 2 (Anton Ivanov / Shutterstock.com), 4 (Kiev Victor / Shutterstock.com), 5 (Iakov Filimonov / Shutterstock.com), 6 (J2R / Shutterstock.com), 7 (J2R / Shutterstock.com) y 9 (palomadelosrios / Shutterstock.com); pág. 131 foto 5 (David Acosta Allely / Shutterstock.com); pág. 134 foto 5 (Olga lutina / Shutterstock.com) y 6 (Toni Genes / Shutterstock.com), pág. 140 foto Zoo de Barcelona (Iakov Filimonov / Shutterstock.com).

Para cumplir con la función educativa del libro se han empleado algunas imágenes procedentes de internet.

Audio: Cargo Music

ISBN: 978-84-9778-909-7 (edición internacional)
978-84-9778-937-0 (edición Brasil)

Depósito legal: M-16459-2016
Printed in Spain – Impreso en España
Impresión: Gómez Aparicio Grupo Gráfico